Kleeblatt

Das Wörterbuch
für Grundschulkinder

Schroedel
westermann

Das Wörterbuch für Grundschulkinder

Überarbeitet von der Redaktion Grundschule
auf der Grundlage von Kleeblatt. Das Wörterbuch für Grundschulkinder
(Ausgabe 2011, ISBN 978-3-507-40786-2),
Wolfgang Menzel und Isolde Richter

westermann GRUPPE

© 2017 Bildungshaus Schulbuchverlage
Westermann Schroedel Diesterweg Schöningh Winklers GmbH, Braunschweig
www.schroedel.de

Druck A [1] / Jahr 2017
Alle Drucke der Serie A sind inhaltlich unverändert.

Redaktion: omnibooks, Bielefeld; Sabrina Benner, Birte Leffler
Illustrationen: Angelika Çitak
Layout und Umschlaggestaltung: Andrea Heissenberg, Jennifer Kirchhof,
mit einer Illustration von Matthias Berghahn
Druck und Bindung: westermann druck GmbH, Braunschweig

ISBN 978-3-507-43427-1

Inhalt

Einleitung (1. und 2. Klasse)

Liebe Schülerin, lieber Schüler,

du hast sicherlich manchmal Zweifel,
wie ein Wort geschrieben wird:
- *Ast* oder *Asst*?
- *stark* oder *starg*?

Wenn du es nicht weißt,
kannst du in diesem Wörterbuch nachschlagen.
Dort findest du die richtige Schreibung.

Natürlich musst du das Nachschlagen üben,
damit du ein Wort möglichst rasch findest.
Hierzu findest du Übungen ab Seite 7.

Wie ist dieses Wörterbuch aufgebaut?

Dieses Wörterbuch enthält zwei Wörterverzeichnisse:
Seite 11 − 60:   Wörter für die 1. und 2. Klasse
                  mit orangem Rand
Seite 67 − 265:   Wörter für die 3. und 4. Klasse
                  mit rotem Rand

Außerdem findest du in diesem Wörterbuch
je ein Kapitel über die Themen **Richtig schreiben**
und **Sprache untersuchen** (Seite 266 − 288).
Darin erfährst du etwas über Wörter und Sätze
und über die wichtigsten Regeln der Rechtschreibung.

Die Wörter in diesem Wörterbuch
sind nach dem Alphabet, also dem ABC, angeordnet.
Wenn du zum Beispiel das Wort **Herbst** suchst,
schlägst du unter dem Buchstaben **H/h** nach.
Du blätterst von da aus weiter und findest das Wort.
Der farbige ABC-Streifen am Seitenrand
hilft dir bei der Suche.

Welche Hinweise bekommst du zu den Stichwörtern?

Im Verzeichnis für die 1. und 2. Klasse
sind viele Wörter farbig gedruckt:
blau die Nomen, rot die Verben und grün die Adjektive.
Alle anderen Wortarten sind **schwarz** gedruckt.

Hinter den **Nomen** steht der Artikel:　　Angst, die
Darunter steht die Mehrzahl:　　　　　　　die Ängste

Die **Verben** stehen in der Grundform: halten
Außerdem wird auch immer die Form
mit er, sie oder es angegeben.
Daran siehst du,
wie sich das Verb verändert,
wenn du einen Satz bilden würdest:　　　sie hält,

Bei schwierigen Verben
werden weitere Formen genannt:　　　　　sie hielt,
　　　　　　　　　　　　　　　　　　　　sie hat gehalten

Zu manchen Verben findest du im Wörterverzeichnis
auch andere Formen:
Pfeile (→) sagen so viel wie: **hielt** → halten
Sieh unter der Grundform nach!   **getan** → tun

Zu manchen Wörtern
findest du **Beispielsätze**:   **füllen**
                                    Sie füllt das Glas.

Die Beispielsätze zeigen, wie das Wort gebraucht wird.

Silbenstriche im Wort zeigen dir,
wo du das Wort trennen kannst: **ängst|lich**
                                    an|ru|fen

Wie finde ich ein Wort?

Es gibt viele Wörter, die mit demselben Buchstaben
anfangen, wie zum Beispiel diese Wörter:
sagen, schwer, Sekunde, sieben.
Sie haben alle den Anfangsbuchstaben **S/s.**
Auch diese Wörter sind wieder
nach dem Alphabet geordnet,
nämlich nach dem zweiten und
dann nach allen weiteren folgenden Buchstaben:
s<u>a</u>gen – s<u>chw</u>er – S<u>e</u>kunde – s<u>ie</u>ben.

6

Eine gute Hilfe bieten dir auch die **Kopfwörter**
oben auf den Seiten. An diesen Kopfwörtern
kannst du erkennen, zwischen welchen von ihnen
du ein gesuchtes Wort finden kannst.

Suchst du zum Beispiel das Wort **Hobby**,
dann findest du es zwischen den Kopfwörtern
helfen und **Holz**. Denn zwischen diesen Wörtern
stehen auf dieser Seite Wörter wie
Herbst, Herz, Hexe, Hobby, holen ...

Das Nachschlagen üben

Damit du im Umgang mit dem Wörterbuch sicher wirst
und dir das Nachschlagen von Wörtern gelingt,
solltest du das Alphabet auswendig können.
Übe es also!
Die Lösungen zu den Aufgaben 1. – 11. schreibst du
in dein Heft.

1. Übe das Alphabet:
Hier ist das ABC unvollständig:
A, B, C, D, F, G, I, J, K, L, N,
O, P, Qu, R, T, U, W, X, Y, Z

Schreibe es auf und füge die folgenden Buchstaben ein:
H, S, V, M, E

Hier steht das Alphabet in der falschen Reihenfolge.
Es fehlen auch Buchstaben:
z, y, x, w, v, u, s, r, qu, o, n, m, k, j, i, h, f, d, b, a

Schreibe das vollständige Alphabet
in der richtigen Reihenfolge auf.

2. Blättere das Wörterbuch durch:
Blättere in deinem Wörterbuch und schreibe dir
fünf Wörter heraus, die du magst.
Schreibe die Seitenzahl dahinter,
auf der du sie gefunden hast.

3. Schlage das Wörterbuch
   auf einer bestimmten Seite auf:
Versuche, so schnell wie möglich die Seite zu finden,
auf der Wörter mit **K/k** stehen.
Wie oft musstest du Seiten umblättern?
Schreibe es auf.

Mache es genauso mit **B/b, R/r, T/t, Z/z**.

4. Durchsuche das Wörterbuch
   nach bestimmten Wörtern:
Schreibe dir fünf Wörter auf.
Schau dann nach, ob sie im Wörterbuch stehen.
Wenn du sie gefunden hast,
schreibe die Seitenzahl dahinter.

5. Suche das erste Wort zu einem bestimmten Buchstaben:
Schreibe jeweils das erste Wort auf, das du unter den Buchstaben **A, C, F, P, S** und **V** findest.

Suche nun das erste Wort, das mit **Sch/sch** anfängt.
Auf welcher Seite steht es?
Suche dann das erste Wort mit **Schw/schw, Sp/sp, St/st**.

6. Lieblingswörter suchen:
Denke dir ein Lieblingswort mit **B/b** oder **R/r** aus.
Suche es im Wörterbuch.
Schreibe es dann mit der Seitenzahl dahinter auf.

7. Suche lange Wörter:
Suche ein möglichst langes Wort mit **L/l**.
Schreibe es auf. Suche auch lange Wörter mit **R/r, Z/z**.

8. Wörter suchen:
Welches farbig und dick gedruckte Wort
steht zwischen den folgenden Wortpaaren?

kam und **kämmen**	**Mantel** und **Marmelade**
quälen und **Quark**	**spät** und **sperren**
Tier und **Tisch**	**Zimmer** und **Zoo**

Schreibe die Wörter auf. Schreibe die Seitenzahl dahinter,
auf der du sie gefunden hast.

9. Was schreibt man groß, was klein?

KLEINEPFERDESPRINGENFRÖHLICHÜBERWIESEN.

Schreibe die Wörter der Wörterschlange einzeln auf.
Suche sie im Wörterbuch. Schreibe die Seitenzahl dahinter.

10. Ordne nach dem Alphabet:
Ordne die folgenden Wörter nach dem ABC.
Schreibe sie für jeden Kasten einzeln
in der richtigen Reihenfolge auf:

Arm	Bein	Daumen	Rücken	Finger
Bauch	Fuß	Hand	Ohr	Auge

Esel	Frosch	Huhn	Katze	Wolf
Löwe	Bär	Krokodil	Pferd	Yak

11. Finde passende Wörter zum Alphabet:
Schreibe zuerst das Alphabet untereinander auf:
A
B
...

Suche dir danach im Wörterbuch zu jedem Buchstaben
ein Nomen und schreibe es dahinter:
A   Ampel
B   Ball
...

A/a

ab
Abend, der
  die Aben|de
abends
aber
ab|schrei|ben
  sie schreibt ab,
  sie schrieb ab,
  sie hat ab|ge|schrie|ben
ab|stim|men
  er stimmt ab,
  er stimm|te ab,
  er hat ab|ge|stimmt
Ab|stim|mung, die
  die Ab|stim|mun|gen
acht
Ad|jek|tiv, das
  die Ad|jek|ti|ve
ähn|lich
al|le
al|lein
al|les

Al|pha|bet, das
  die Al|pha|be|te
als
al|so
alt
am
  am (an dem) Morgen
Amei|se, die
  die Amei|sen
Am|pel, die
  die Am|peln
an
an|de|re
än|dern, sich
  es än|dert sich
  Das Wetter ändert sich.
An|fang, der
  die An|fän|ge
an|fan|gen
  sie fängt an,
  sie fing an,
  sie hat an|ge|fan|gen
an|fas|sen
  er fasst an
  Er fasst das Glas an.

A
B
C
D
E
F
G
H
I
J
K
L
M
N
O
P
Qu
R
S
T
U
V
W
X
Y
Z

11

A
B
C
D
E
F
G
H
I
J
K
L
M
N
O
P
Qu
R
S
T
U
V
W
X
Y
Z

Angst, die
  die Ängs|te
ängst|lich
an|ru|fen
  er ruft an,
  er rief an,
  er hat an|ge|ru|fen
  Er ruft seine Mutter an.
ans (an das)
an|schau|en
  sie schaut an
Ant|wort, die
  die Ant|wor|ten
ant|wor|ten
  er ant|wor|tet
Ap|fel, der
  die Äp|fel
Ap|fel|si|ne, die
  die Ap|fel|si|nen
Ap|ril, der
Ar|beit, die
  die Ar|bei|ten
ar|bei|ten
  sie ar|bei|tet
Är|ger, der

är|ger|lich
är|gern, sich
  sie är|gert sich
arm
Arm, der
  die Ar|me
Är|mel, der
  die Är|mel
Ar|ti|kel, der
  die Ar|ti|kel
Arzt, der
  die Ärz|te
Ärz|tin, die
  die Ärz|tin|nen
aß → essen
Ast, der
  die Äs|te
auch
auf
  auf ein|mal
auf|bau|en
  er baut auf
  Er baut den Turm auf.
Auf|ga|be, die
  die Auf|ga|ben

auf|hö|ren
er hört auf

auf|pas|sen
sie passt auf

auf|schrei|ben
er schreibt auf,
er schrieb auf,
er hat
auf|ge|schrie|ben

auf|ste|hen
sie steht auf,
sie stand auf,
sie ist auf|ge|stan|den

auf|wa|chen
er wacht auf

Au|ge, das
die Au|gen

Au|gen|blick, der
die Au|gen|bli|cke

Au|gust, der

aus

Aus|flug, der
die Aus|flü|ge

aus|la|chen
sie lacht aus

aus|lei|hen
er leiht aus,
er lieh aus,
er hat aus|ge|lie|hen

Aus|ru|fe|zei|chen,
das
die Aus|ru|fe|zei|chen

au|ßer|dem

aus|stel|len
sie stellt aus

Au|to, das
die Au|tos

Au|tor, der
die Au|to|ren

Au|to|rin, die
die Au|to|rin|nen

A
B
C
D
E
F
G
H
I
J
K
L
M
N
O
P
Qu
R
S
T
U
V
W
X
Y
Z

13

B/b

Ba|by, das
die Ba|bys
Bach, der
die Bä|che
ba|cken
sie backt
Bad, das
die Bä|der
ba|den
er ba|det
Bahn, die
die Bah|nen
bald
Ball, der
die Bäl|le
Bank, die
die Bän|ke
Bär, der
die Bä|ren
bas|teln
sie bas|telt
Sie bastelt ein Haus.

Bauch, der
die Bäu|che
bau|en
sie baut
Baum, der
die Bäu|me
Bee|re, die
die Bee|ren
bei
bei|de
beim
beim (bei dem)
Frühstück
Bein, das
die Bei|ne
bei|ßen
er beißt, er biss,
er hat ge|bis|sen
be|kom|men
sie be|kommt,
sie be|kam,
sie hat be|kom|men
Sie bekommt ein Buch.
bel|len
er bellt

Berg, der
die Ber|ge
bes|ser → gut
Sie hört besser als er.
be|stim|men
sie be|stimmt
be|stimmt
Be|such, der
die Be|su|che
be|su|chen
er be|sucht
Er besucht seine Oma.
Bett, das
die Bet|ten
Beu|le, die
die Beu|len
be|we|gen, sich
es be|wegt sich
be|zah|len
sie be|zahlt
Sie bezahlt den Ball.
Bie|ne, die
die Bie|nen
Bild, das
die Bil|der

bin → sein
Ich bin hier.
Bir|ne, die
die Bir|nen
bis
biss|chen
ein bisschen zu viel
bist → sein
Du bist hier.
bit|te
bit|ten
sie bit|tet, sie bat,
sie hat ge|be|ten
Blatt, das
die Blät|ter
blau
blei|ben
er bleibt,
er blieb,
er ist ge|blie|ben
Blei|stift, der
die Blei|stif|te
blind
Blitz, der
die Blit|ze

A
B
C
D
E
F
G
H
I
J
K
L
M
N
O
P
Qu
R
S
T
U
V
W
X
Y
Z

blit|zen
es blitzt
blond
blü|hen
es blüht
Blu|me, die
die Blu|men
Blu|se, die
die Blu|sen
Blü|te, die
die Blü|ten
Bo|den, der
die Bö|den
Boh|ne, die
die Boh|nen
Boot, das
die Boo|te
bö|se
bo|xen
er boxt
brach|te → bringen
Bra|ten, der
die Bra|ten
brau|chen
sie braucht

braun
bre|chen
es bricht,
es brach,
es ist ge|bro|chen
breit
bren|nen
es brennt,
es brann|te,
es hat ge|brannt
Brief, der
die Brie|fe
Bril|le, die
die Bril|len
brin|gen
sie bringt,
sie brach|te,
sie hat ge|bracht
Sie bringt den Korb.
Brot, das
die Bro|te
Bröt|chen, das
die Bröt|chen
Bru|der, der
die Brü|der

16

brül|len
er brüllt
brum|men
sie brummt
Bub, der
die Bu|ben
Buch, das
die Bü|cher
Bü|che|rei, die
die Bü|che|rei|en
Buch|sta|be, der
die Buch|sta|ben
bunt
Bus, der
die Bus|se
Busch, der
die Bü|sche
But|ter, die

C/c

Cent, der
die Cents
Der Lutscher kostet
5 Cent.
Chip, der
die Chips
Chor, der
die Chö|re
Christ|baum, der
die Christ|bäu|me
Clown, der
die Clowns
Co|mic, der
die Co|mics
Com|pu|ter, der
die Com|pu|ter
Cou|sin, der
die Cou|sins
Cou|si|ne, die
die Cou|si|nen

A
B
C
D
E
F
G
H
I
J
K
L
M
N
O
P
Qu
Q
R
S
T
U
V
W
X
Y
Z

A
B
C
D
E
F
G
H
I
J
K
L
M
N
O
P
Qu
R
S
T
U
V
W
X
Y
Z

D/d

da
da|bei
Dach, das
  die Dä|cher
dach|te → denken
da|nach
dan|ken
  sie dankt
dann
darf → dürfen
da|rin
da|rum
das
Dau|men, der
  die Dau|men
de|cken
  sie deckt
  Sie deckt den Tisch.
dein
  dei|ne, dei|ner
dem
den

den|ken
  sie denkt,
  sie dach|te,
  sie hat ge|dacht
denn
der
des
des|halb
De|zem|ber, der
dich
dick
die
Diens|tag, der
  die Diens|ta|ge
dies
  die|se, die|ser, die|ses
dir
doch
don|nern
  es don|nert
Don|ners|tag, der
  die Don|ners|ta|ge
dort
Do|se, die
  die Do|sen

Dra|chen, der
 die Dra|chen
drau|ßen
dre|hen
 er dreht
drei
du
dun|kel
dünn
durch
durch|le|sen
 sie liest durch,
 sie las durch,
 sie hat durch|ge|le|sen
durch|strei|chen
 sie streicht durch,
 sie strich durch,
 sie hat
 durch|ge|stri|chen
dür|fen
 er darf, er durf|te,
 er hat ge|durft
Durst, der
durs|tig

E/e

eben
Ecke, die
 die Ecken
eckig
Ei, das
 die Ei|er
ei|gent|lich
Ei|mer, der
 die Ei|mer
ein
 ei|ne, ei|nem,
 ei|nen, ei|ner
ein|fach
ei|ni|ge
ein|kau|fen
 er kauft ein
ein|la|den
 sie lädt ein,
 sie lud ein,
 sie hat ein|ge|la|den
Ein|la|dung, die
 die Ein|la|dun|gen

A
B
C
D
E
F
G
H
I
J
K
L
M
N
O
P
Qu
R
S
T
U
V
W
X
Y
Z

ein|mal
Es war einmal.
eins
Ein|zahl, die
Eis, das
Ei|sen|bahn, die
die Ei|sen|bah|nen
Ele|fant, der
die Ele|fan|ten
elf
El|tern, die
En|de, das
zu Ende
end|lich
eng
En|te, die
die En|ten
er
Erd|bee|re, die
die Erd|bee|ren
Er|de, die
er|fah|ren
er er|fährt,
er er|fuhr,
er hat er|fah|ren

er|klä|ren
sie er|klärt
Sie erklärt die Aufgabe.
er|lau|ben
er er|laubt
Er erlaubt es.
erst
er|zäh|len
sie er|zählt
es
Esel, der
die Esel
es|sen
er isst, er aß,
er hat ge|ges|sen
et|wa
et|was
euch
eu|er, eu|re
Eu|le, die
die Eu|len
Eu|ro, der
die Eu|ros
Der Film kostet 10 Euro.

F/f

fah|ren
sie fährt, sie fuhr,
sie ist ge|fah|ren

Fah|rer, der
die Fah|rer

Fahr|rad, das
die Fahr|rä|der

fal|len
sie fällt, sie fiel,
sie ist ge|fal|len

Fa|mi|lie, die
die Fa|mi|li|en

fan|gen
sie fängt,
sie fing,
sie hat ge|fan|gen

Far|be, die
die Far|ben

Fa|sching, der
die Fa|schin|ge

fas|sen
sie fasst

fast
*Ich bin fast (beinahe)
8 Jahre.*

Fast|nacht, die
die Fast|nach|ten

fau|chen
er faucht

Fe|bru|ar, der

Fe|der, die
die Fe|dern

Fee, die
die Fe|en

feh|len
sie fehlt

Feh|ler, der
die Feh|ler

Fei|er, die
die Fei|ern

fei|ern
er fei|ert

fein

Feld, das
die Fel|der

Fens|ter, das
die Fens|ter

A
B
C
D
E
F
G
H
I
J
K
L
M
N
O
P
Qu
R
S
T
U
V
W
X
Y
Z

21

Fe|ri|en, die
fern|se|hen
er sieht fern,
er sah fern,
er hat fern|ge|se|hen
fer|tig
fest
Fest, das
die Fes|te
fest|hal|ten
sie hält fest,
sie hielt fest,
sie hat fest|ge|hal|ten
Sie hält das Seil fest.
feucht
Feu|er, das
die Feu|er
fiel → fallen
fin|den
sie fin|det,
sie fand,
sie hat ge|fun|den
Sie findet es gut.
Fin|ger, der
die Fin|ger

Fin|ger|na|gel, der
die Fin|ger|nä|gel
Fisch, der
die Fi|sche
flach
Fla|sche, die
die Fla|schen
Flie|ge, die
die Flie|gen
flie|gen
er fliegt, er flog,
er ist ge|flo|gen
flie|βen
es flieβt,
es floss,
es ist ge|flos|sen
Flos|se, die
die Flos|sen
Flü|gel, der
die Flü|gel
Flug|zeug, das
die Flug|zeu|ge
Fluss, der
die Flüs|se
flüs|sig

flüs|tern
 sie flüs|tert
fort
Fra|ge, die
 die Fra|gen
fra|gen
 sie fragt
Fra|ge|zei|chen,
das
 die Fra|ge|zei|chen
Frau, die
 die Frau|en
frech
frei
Frei|tag, der
 die Frei|ta|ge
fremd
Frem|de, die
fres|sen
 sie frisst,
 sie fraß,
 sie hat ge|fres|sen
Freu|de, die
 die Freu|den
freu|en, sich

 er freut sich
Freund, der
 die Freun|de
Freun|din, die
 die Freun|din|nen
freund|lich
fried|lich
frie|ren
 sie friert, sie fror,
 sie hat ge|fro|ren
frisch
frisst → fressen
froh
fröh|lich
Frosch, der
 die Frö|sche
Frucht, die
 die Früch|te
früh
Früh|ling, der
 die Früh|lin|ge
füh|len
 er fühlt
fuhr → fahren
füh|ren

sie führt
fül|len
sie füllt
Sie füllt das Glas.
Fül|ler, der
die Fül|ler
fünf
für
Er setzt sich für seine
Schwester ein.
Fuß, der
die Fü|ße
Fuß|ball, der
die Fuß|bäl|le
Fuß|gän|ger, der
die Fuß|gän|ger

G/g

gab → geben
Ga|bel, die
die Ga|beln
ganz
gan|ze, gan|zer
Gar|ten, der
die Gär|ten
ge|ben
sie gibt, sie gab,
sie hat ge|ge|ben
Sie gibt ihm den Stift.
ge|bis|sen → beißen
ge|blie|ben →
bleiben
ge|bracht →
bringen
ge|brannt →
brennen
ge|bro|chen →
brechen
Ge|burts|tag, der
die Ge|burts|ta|ge

ge|dacht → denken
ge|fal|len
  es ge|fällt, es ge|fiel,
  es hat ge|fal|len
ge|flo|gen →
  fliegen
ge|flos|sen →
  fließen
ge|fro|ren →
  frieren
ge|fun|den →
  finden
ge|gan|gen →
  gehen
ge|hen
  er geht, er ging,
  er ist ge|gan|gen
ge|hol|fen →
  helfen
ge|kannt →
  kennen
ge|klun|gen →
  klingen
ge|kro|chen →
  kriechen

gelb
Geld, das
  die Gel|der
Ge|mü|se, das
ge|nau
ge|nom|men →
  nehmen
ge|ra|de
ge|rannt → rennen
ge|ris|sen → reißen
gern
  Sie hat den Hund gern.
Ge|schenk, das
  die Ge|schen|ke
Ge|schich|te, die
  die Ge|schich|ten
ge|schrie|ben →
  schreiben
ge|schrien →
  schreien
Ge|schwis|ter, die
ge|schwom|men
  → schwimmen
ge|ses|sen →
  sitzen

A
B
C
D
E
F
G
H
I
J
K
L
M
N
O
P
Qu
R
S
T
U
V
W
X
Y
Z

Ge|sicht, das
die Ge|sich|ter
Ge|spenst, das
die Ge|spens|ter
ge|spro|chen →
sprechen
ge|sprun|gen →
springen
ges|tern
ge|sund
ge|tan → tun
ge|we|sen → sein
ge|win|nen
sie ge|winnt,
sie ge|wann,
sie hat ge|won|nen
ge|wor|fen →
werfen
ge|wusst → wissen
gibt → geben
gie|ßen
er gießt, er goss,
er hat ge|gos|sen
Glas, das
die Glä|ser

glatt
glau|ben
er glaubt
gleich
Glück, das
glück|lich
gra|ben
sie gräbt, sie grub,
sie hat ge|gra|ben
Gras, das
die Grä|ser
grau
groß
Groß|el|tern, die
grün
Grund|form, die
die Grund|for|men
gru|se|lig
Gruß, der
die Grü|ße
grü|ßen
sie grüßt
gu|cken
er guckt
gut

H/h

Haar, das
die Haa|re

ha|ben
ich ha|be, du hast,
er, sie, es hat,
wir ha|ben,
ihr habt, sie ha|ben,
er hat|te,
er hat ge|habt

Hai, der
die Haie

Hals, der
die Häl|se

hal|ten
sie hält,
sie hielt,
sie hat ge|hal|ten
Sie hält den Stift.

Ham|mer, der
die Häm|mer

Hand, die
die Hän|de

hän|gen
sie hängt
Sie hängt das Bild auf.

hart

Ha|se, der
die Ha|sen

häss|lich

hat → haben

hat|te → haben

Haus, das
die Häu|ser

Haut, die
die Häu|te

he|ben
er hebt, er hob,
er hat ge|ho|ben

He|cke, die
die He|cken

Heft, das
die Hef|te

heiß

hei|ßen
sie heißt, sie hieß,
sie hat ge|hei|ßen
Sie heißt Paula.

A
B
C
D
E
F
G
H
I
J
K
L
M
N
O
P
Qu
R
S
T
U
V
W
X
Y
Z

hel|fen
er hilft, er half,
er hat ge|hol|fen
Er hilft dem Nachbarn.
hell
Hemd, das
die Hem|den
her
he|rauf
he|raus
Herbst, der
die Herbs|te
he|rein
Herr, der
die Her|ren
he|run|ter
Herz, das
die Her|zen
herz|lich
heu|len
er heult
heu|te
He|xe, die
die He|xen
hielt → halten

hier
Hil|fe, die
die Hil|fen
hilft → helfen
Him|mel, der
die Him|mel
hin
hi|nauf
hi|naus
hi|nein
hin|ten
hin|ter
hin|ter|her
hi|nun|ter
Hob|by, das
die Hob|bys
hoch
hof|fen
sie hofft
hof|fent|lich
ho|len
sie holt
Sie holt das Buch.
Holz, das
die Höl|zer

hor|chen
er horcht
hö|ren
sie hört
Hort, der
die Hor|te
Ho|se, die
die Ho|sen
hübsch
Huf, der
die Hu|fe
Huhn, das
die Hüh|ner
Hund, der
die Hun|de
hun|dert
Hun|ger, der
hung|rig
hüp|fen
sie hüpft
Hut, der
die Hü|te

I/i

ich
Idee, die
die Ide|en
Igel, der
die Igel
ihm
ihn
ih|nen
ihr
ih|re
im (in dem)
im|mer
in
ins (in das)
In|sel, die
die In|seln
in|te|res|sant
isst → essen
Sie isst Kuchen.
ist → sein
Sie ist nett.

A
B
C
D
E
F
G
H
I
J
K
L
M
N
O
P
Qu
Q
R
S
T
U
V
W
X
Y
Z

J/j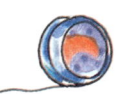

ja
Ja|cke, die
  die Ja|cken
Jahr, das
  die Jah|re
Ja|nu|ar, der
je|de
  je|der, je|des
je|mand
jetzt
Jo|ghurt, der
  die Jo|ghurts
Jo-Jo, das
  die Jo-Jos
ju|cken
  es juckt
Ju|li, der
jung
Jun|ge, der
  die Jun|gen
Ju|ni, der

K/k

Kä|fer, der
  die Kä|fer
Kaf|fee, der
Kä|fig, der
  die Kä|fi|ge
Kai|ser, der
  die Kai|ser
Ka|len|der, der
  die Ka|len|der
kalt
Käl|te, die
kam → kommen
Kamm, der
  die Käm|me
käm|men
  er kämmt
Ka|nin|chen, das
  die Ka|nin|chen
kann → können
  Ich kann lesen.
Kan|ne, die
  die Kan|nen

Kap|pe, die
die Kap|pen
ka|putt
ein kaputtes Auto
Kar|ne|val, der
Ka|rot|te, die
die Ka|rot|ten
Kar|te, die
die Kar|ten
Kar|tof|fel, die
die Kar|tof|feln
Kas|se, die
die Kas|sen
Kas|ta|nie, die
die Kas|ta|ni|en
Kas|ten, der
die Käs|ten
Ka|ter, der
die Ka|ter
Kätz|chen, das
die Kätz|chen
Kat|ze, die
die Kat|zen
kau|fen
sie kauft

kein
kei|ne, kei|ner,
kei|nes
ken|nen
sie kennt, sie kann|te,
sie hat ge|kannt,
Sie kennt die Stadt.
Ker|ze, die
die Ker|zen
Ket|te, die
die Ket|ten
Kind, das
die Kin|der
Ki|no, das
die Ki|nos
kip|pen
es kippt
Kir|sche, die
die Kir|schen
Kis|te, die
die Kis|ten
kit|zeln
es kit|zelt
Klas|se, die
die Klas|sen

A B C D E F G H I J **K** L M N O P Qu Q R S T U V W X Y Z

A
B
C
D
E
F
G
H
I
J
K
L
M
N
O
P
Qu
R
S
T
U
V
W
X
Y
Z

kle|ben
es klebt
Kleid, das
die Klei|der
klein
klet|tern
sie klet|tert
klin|geln
es klin|gelt
klin|gen
es klingt, es klang,
es hat ge|klun|gen
klop|fen
es klopft
knab|bern
er knab|bert
kna|cken
es knackt
Er knackt die Nuss.
Knie, das
die Knie
ko|chen
er kocht
Kof|fer, der
die Kof|fer

ko|misch
kom|men
er kommt, er kam,
er ist ge|kom|men
Kö|nig, der
die Kö|ni|ge
Kö|ni|gin, die
die Kö|ni|gin|nen
kön|nen
sie kann,
sie konn|te,
sie hat ge|konnt,
Kon|so|nant, der
die Kon|so|nan|ten
Kopf, der
die Köp|fe
Korb, der
die Kör|be
kos|ten
es kos|tet
Es kostet viel Geld.
Sie kostet (probiert)
die Soße.
Kör|per, der
die Kör|per

krab|beln
es krab|belt

Krach, der
die Krä|che

kra|chen
es kracht
Der Donner kracht.

krank

Kran|ken|haus, das
die Kran|ken|häu|ser

krat|zen
es kratzt

Kraut, das
die Kräu|ter

Krei|de, die
die Krei|den

Kreis, der
die Krei|se

krie|chen
sie kriecht, sie kroch,
sie ist ge|kro|chen

krie|gen
er kriegt
Er kriegt heute
ein Geschenk.

krit|zeln
sie krit|zelt

Kro|ko|dil, das
die Kro|ko|di|le

Kü|che, die
die Kü|chen

Ku|chen, der
die Ku|chen

Kuh, die
die Kü|he

kurz

Kuss, der
die Küs|se

küs|sen
er küsst

A
B
C
D
E
F
G
H
I
J
K
L
M
N
O
P
Qu
R
S
T
U
V
W
X
Y
Z

L / l

la|chen
sie lacht
La|den, der
die Lä|den
Lamm, das
die Läm|mer
Lam|pe, die
die Lam|pen
Land, das
die Län|der
lang
lang|sam
lang|wei|lig
las|sen
sie lässt,
sie ließ,
sie hat ge|las|sen
Sie lässt es sein.
lau|fen
sie läuft, sie lief,
sie ist ge|lau|fen
laut

Laut, der
die Lau|te
läu|ten
es läu|tet
le|ben
sie lebt
Le|ben, das
die Le|ben
le|cker
leer
le|gen
sie legt
Leh|rer, der
die Leh|rer
Leh|re|rin, die
die Leh|re|rin|nen
leicht
lei|hen
er leiht, er lieh,
er hat ge|lie|hen
Er leiht dem Jungen
sein Fahrrad.
lei|se
Lei|ter, die
die Lei|tern

ler|nen
 sie lernt
Le|se|buch, das
 die Le|se|bü|cher
le|sen
 er liest,
 er las,
 er hat ge|le|sen
Leu|te, die
Le|xi|kon, das
 die Le|xi|ka
Licht, das
 die Lich|ter
lieb
lie|ben
 er liebt
Lied, das
 die Lie|der
lie|gen
 sie liegt, sie lag,
 sie hat ge|le|gen
 Sie liegt auf dem Sofa.
liest → lesen
li|la
 eine lila Bluse

Li|mo|na|de, die
 die Li|mo|na|den
links
Lip|pe, die
 die Lip|pen
Loch, das
 die Lö|cher
Löf|fel, der
 die Löf|fel
los
Lö|we, der
 die Lö|wen
Lö|wen|zahn, der
Luft, die
 die Lüf|te
lus|tig

A B C D E F G H I J K L M N O P Qu R S T U V W X Y Z

M/m

ma|chen
er macht
Mäd|chen, das
die Mäd|chen
mag → mögen
Mai, der
mal
ma|len
sie malt
Ma|ma, die
die Ma|mas
man
Hier kann man stehen.
manch|mal
Mann, der
die Män|ner
Man|tel, der
die Män|tel
Mär|chen, das
die Mär|chen
Mar|me|la|de, die
die Mar|me|la|den

März, der
Matsch, der
Maul, das
die Mäu|ler
Maus, die
die Mäu|se
Meer, das
die Mee|re
Mehl, das
mehr
Mehr|zahl, die
mein
mei|ne, mei|ner
mei|nen
sie meint
meis|tens
Mensch, der
die Men|schen
mer|ken
er merkt
mes|sen
sie misst, sie maß,
sie hat ge|mes|sen
Mes|ser, das
die Mes|ser

Me|ter, der
  die Me|ter
mi|au|en
  er miaut
mich
Milch, die
Mi|nu|te, die
  die Mi|nu|ten
mir
mit
Mit|tag, der
  die Mit|ta|ge
mit|tags
Mitt|woch, der
  die Mitt|wo|che
mö|gen
  er mag, er moch|te,
  er hat ge|mocht
mög|lich
Möh|re, die
  die Möh|ren
Mo|nat, der
  die Mo|na|te
Mond, der
  die Mon|de

Mon|tag, der
  die Mon|ta|ge
mor|gen
  morgen Abend
Mor|gen, der
  Sie lernt am Morgen.
mor|gens
  Sie lernt immer
  morgens.
Mo|tor, der
  die Mo|to|ren
mü|de
Mund, der
  die Mün|der
Mu|sik, die
müs|sen
  sie muss, sie muss|te,
  sie hat ge|musst
  Sie muss gehen.
Mut, der
mu|tig
Mut|ter, die
  die Müt|ter
Müt|ze, die
  die Müt|zen

A
B
C
D
E
F
G
H
I
J
K
L
M
N
O
P
Qu
R
S
T
U
V
W
X
Y
Z

N/n

nach
Nach|bar, der
  die Nach|barn
nach Hau|se
nach|her
Nach|mit|tag, der
  die Nach|mit|ta|ge
nach|mit|tags
Nach|richt, die
  die Nach|rich|ten
Nacht, die
  die Näch|te
nachts
Na|del, die
  die Na|deln
Na|gel, der
  die Nä|gel
na|he
  Sie steht nahe bei ihm.
nahm → nehmen
Na|me, der
  die Na|men

Na|mens|tag, der
  die Na|mens|ta|ge
Napf, der
  die Näp|fe
Na|se, die
  die Na|sen
Nas|horn, das
  die Nas|hör|ner
nass
Ne|bel, der
  die Ne|bel
ne|ben
neb|lig
neh|men
  er nimmt,
  er nahm,
  er hat ge|nom|men
nein
nen|nen
  sie nennt,
  sie nann|te,
  sie hat ge|nannt
Nest, das
  die Nes|ter
nett

neu
neun
nicht
nichts
nie
Ni|ko|laus, der
  die Ni|ko|läu|se
Ni|xe, die
  die Ni|xen
noch
No|men, das
  die No|men
nö|tig
  Das ist nicht nötig.
No|vem|ber, der
Nu|del, die
  die Nu|deln
Num|mer, die
  die Num|mern
nun
  Und was nun?
nur
Nuss, die
  die Nüs|se

O/o

ob
  Ob das wohl stimmt?
oben
Obst, das
ob|wohl
oder
Ofen, der
  die Öfen
of|fen
öff|nen
  sie öff|net
  Sie öffnet die Tür.
oft
  Sie sehen sich oft.
oh|ne
Ohr, das
  die Oh|ren
Ok|to|ber, der
Oma, die
  die Omas
On|kel, der
  die On|kel

A B C D E F G H I J K L M **N** **O** P Qu R S T U V W X Y Z

Opa, der
die Opas

oran|ge
ein oranges T-Shirt

Oran|ge, die
die Oran|gen

ord|nen
sie ord|net
Sie ordnet ihre Hefte.

Ord|nung, die
Es ist in Ordnung.

Os|ter|ei, das
die Os|ter|ei|er

Os|tern, das

P/p

paar
ein paar Blumen

Paar, das
die Paa|re
ein Paar Schuhe

pa|cken
er packt

Pa|ket, das
die Pa|ke|te

Pan|ne, die
die Pan|nen

Pa|pa, der
die Pa|pas

Pa|pier, das
die Pa|pie|re

Pap|pe, die
die Pap|pen

Part|ner, der
die Part|ner

pas|sen
es passt
Passt die Hose?

A B C D E F G H I J K L M N O P Qu R S T U V W X Y Z

40

pas|sie|ren
 es pas|siert
 Es passiert etwas.
Pau|se, die
 die Pau|sen
pet|zen
 sie petzt
pfei|fen
 er pfeift, er pfiff,
 er hat ge|pfif|fen
Pferd, das
 die Pfer|de
Pflan|ze, die
 die Pflan|zen
pflan|zen
 sie pflanzt
pfle|gen
 er pflegt
 Er pflegt die Pflanzen.
pflü|cken
 sie pflückt
Pfo|te, die
 die Pfo|ten
Pfüt|ze, die
 die Pfüt|zen

Pilz, der
 die Pil|ze
pink
 ein pinkes Kleid
Pin|sel, der
 die Pin|sel
Piz|za, die
 die Piz|zen
Plan, der
 die Plä|ne
plan|schen
 er planscht
Platz, der
 die Plät|ze
Plätz|chen, das
 die Plätz|chen
plat|zen
 er platzt
 Der Ballon platzt.
plötz|lich
 ein plötzlicher Sturm
Po|li|zei, die
Pom|mes, die
Po|ny, das
 die Po|nys

A
B
C
D
E
F
G
H
I
J
K
L
M
N
O
P
Qu
R
S
T
U
V
W
X
Y
Z

A
B
C
D
E
F
G
H
I
J
K
L
M
N
O
P
Qu
R
S
T
U
V
W
X
Y
Z

Po|po, der
die Po|pos
Post, die
Preis, der
die Prei|se
pri|ma
Das ist prima (sehr gut).
Prinz, der
die Prin|zen
Prin|zes|sin, die
die Prin|zes|sin|nen
pro|bie|ren
er pro|biert
Pul|li, der
die Pul|lis
Pul|lo|ver, der
die Pul|lo|ver
Punkt, der
die Punk|te
Pup|pe, die
die Pup|pen
pus|ten
sie pus|tet
put|zen
er putzt

Qu/qu

Qua|drat, das
die Qua|dra|te
qua|ken
er quakt
Der Frosch quakt.
quä|len, sich
er quält sich
Qual|le, die
die Qual|len
Quark, der
Quatsch, der
quat|schen
sie quatscht
Quel|le, die
die Quel|len
quer
quiet|schen
sie quietscht
Die Tür quietscht.

R/r

Ra|be, der
 die Ra|ben
Rad, das
 die Rä|der
Rad fah|ren
 sie fährt Rad,
 sie fuhr Rad,
 sie ist Rad ge|fah|ren
Rad|fah|rer, der
 die Rad|fah|rer
Rad|fah|re|rin, die
 die Rad|fah|re|rin|nen
Ra|dio, das
 die Ra|di|os
Rand, der
 die Rän|der
ra|sen
 sie rast
Ra|sen, der
ra|ten
 er rät, er riet,
 er hat ge|ra|ten

Rät|sel, das
 die Rät|sel
rau
rau|ben
 er raubt
Raum, der
 die Räu|me
Rau|pe, die
 die Rau|pen
rech|nen
 sie rech|net
rechts
re|den
 er re|det
Re|gel, die
 die Re|geln
Re|gen, der
Re|gen|man|tel, der
 die Re|gen|män|tel
reg|nen
 es reg|net
rei|ben
 sie reibt, sie rieb,
 sie hat ge|rie|ben
reich

A B C D E F G H I J K L M N O P Qu **R** S T U V W X Y Z

43

Rei|he, die
die Rei|hen
Reis, der
rei|sen
er reist
Er reist in die Ferien.
rei|ßen
er reißt, er riss,
er hat ge|ris|sen
Er reißt Papier entzwei.
rei|ten
sie rei|tet, sie ritt,
sie ist ge|rit|ten
ren|nen
er rennt, er rann|te,
er ist ge|rannt
ret|ten
sie ret|tet
Re|zept, das
die Re|zep|te
rich|tig
rie|chen
es riecht, es roch,
es hat ge|ro|chen
rief → rufen

Rie|se, der
die Rie|sen
Ring, der
die Rin|ge
Rock, der
die Rö|cke
rol|len
er rollt
Rol|ler, der
die Rol|ler
ro|sa
ein rosa Kleid
rot
Rü|cken, der
die Rü|cken
ru|fen
sie ruft, sie rief,
sie hat ge|ru|fen
Ru|he, die
ru|hig
rund
Rut|sche, die
die Rut|schen
rut|schen
sie rutscht

S/s

Sa|che, die
  die Sa|chen
Saft, der
  die Säf|te
sa|gen
  sie sagt
sä|gen
  er sägt
sah → sehen
Sa|lat, der
  die Sa|la|te
Salz, das
Sa|men, der
  die Sa|men
sam|meln
  sie sam|melt
  Sie sammelt Karten.
Sams|tag, der
  die Sams|ta|ge
Sand, der
san|dig
saß → sitzen

Satz, der
  die Sät|ze
Satz|zei|chen, das
  die Satz|zei|chen
sau|ber
sau|er
sau|fen
  er säuft, er soff,
  er hat ge|sof|fen
  Der Hund säuft.
sau|sen
  sie saust
  Sie saust (rennt) davon.

Sch/sch

Schaf, das
  die Scha|fe
schaf|fen
  er schafft
  Er schafft es.
scharf
Schat|ten, der
  die Schat|ten

A
B
C
D
E
F
G
H
I
J
K
L
M
N
O
P
Qu
R
S
T
U
V
W
X
Y
Z

45

A B C D E F G H I J K L M N O P Qu R **S** T U V W X Y Z

Schatz, der
die Schät|ze
schau|en
er schaut
schei|nen
sie scheint,
sie schien,
sie hat ge|schie|nen
schen|ken
er schenkt
Sche|re, die
die Sche|ren
schi|cken
sie schickt
schief
Schiff, das
die Schif|fe
schla|fen
er schläft, er schlief,
er hat ge|schla|fen
schla|gen
sie schlägt,
sie schlug,
sie hat ge|schla|gen
schlecht

schlimm
Schlit|ten, der
die Schlit|ten
Schloss, das
die Schlös|ser
Schlüs|sel, der
die Schlüs|sel
schmat|zen
er schmatzt
schme|cken
es schmeckt
Schmet|ter|ling, der
die Schmet|ter|lin|ge
schmü|cken
sie schmückt
schmut|zig
Schna|bel, der
die Schnä|bel
Schnau|ze, die
die Schnau|zen
Schnee, der
schnei|den
er schnei|det,
er schnitt,
er hat ge|schnit|ten

schnei|en
 es schneit
schnell
Scho|ko|la|de, die
 die Scho|ko|la|den
schon
 Ich bin schon da.
schön
Schrank, der
 die Schrän|ke
Schreck, der
 die Schre|cken
schreck|lich
schrei|ben
 sie schreibt,
 sie schrieb,
 sie hat ge|schrie|ben
 Sie schreibt ihrer
 Tante eine Karte.
schrei|en
 er schreit,
 er schrie,
 er hat ge|schrien
Schuh, der
 die Schu|he

Schul|bus, der
 die Schul|bus|se
Schu|le, die
 die Schu|len
Schü|ler, der
 die Schü|ler
Schü|le|rin, die
 die Schü|le|rin|nen
Schüs|sel, die
 die Schüs|seln
Schwamm, der
 die Schwäm|me
Schwanz, der
 die Schwän|ze
schwarz
Schwein, das
 die Schwei|ne
schwer
 ein schweres Paket
Schwes|ter, die
 die Schwes|tern
schwim|men
 sie schwimmt,
 sie schwamm,
 sie ist ge|schwom|men

A B C D E F G H I J K L M N O P Qu R **S** T U V W X Y Z

S s

sechs
See, der
  die Seen
se|hen
  er sieht, er sah,
  er hat ge|se|hen
sehr
seid → sein
  Ihr seid klug.
Sei|fe, die
  die Sei|fen
Seil, das
  die Sei|le
sein
  ich bin, du bist,
  er, sie, es ist,
  wir sind, ihr seid,
  sie sind,
  sie war,
  sie ist ge|we|sen
sein
  sei|ne, sei|ner
seit

Sei|te, die
  die Sei|ten
Se|kun|de, die
  die Se|kun|den
selbst
sel|ten
Sem|mel, die
  die Sem|meln
Sep|tem|ber, der
set|zen, sich
  sie setzt sich
  Sie setzt sich auf
  den Stuhl.
sich
sie
sie|ben
sie|ben
  er siebt
sie|gen
  sie siegt
sieht → sehen
Sil|be, die
  die Sil|ben
Sil|ves|ter, das
  die Sil|ves|ter

sind → sein

sin|gen
er singt, er sang,
er hat ge|sun|gen

sit|zen
sie sitzt, sie saß,
sie hat ge|ses|sen

so

so|fort

so|gar

Sohn, der
die Söh|ne

sol|len
er soll

Som|mer, der
die Som|mer

son|dern

Sonn|abend, der
die Sonn|aben|de

Son|ne, die
die Son|nen

son|nig

Sonn|tag, der
die Sonn|ta|ge

sonst

Sp/sp

Spa|ghet|ti, die

span|nend

spa|ren
sie spart

Spaß, der
die Spä|ße

spät

Spatz, der
die Spat|zen

sper|ren
er sperrt
Er sperrt die Tür zu.

Spie|gel, der
die Spie|gel

Spiel, das
die Spie|le

spie|len
sie spielt

Spiel|zeug, das
die Spiel|zeu|ge

Spin|ne, die
die Spin|nen

spitz

A
B
C
D
E
F
G
H
I
J
K
L
M
N
O
P
Qu
R
S
T
U
V
W
X
Y
Z

49

Sport, der

sport|lich

spre|chen
sie spricht,
sie sprach,
sie hat ge|spro|chen

sprin|gen
er springt,
er sprang,
er ist ge|sprun|gen

St/st

Sta|chel, der
die Sta|cheln

Stadt, die
die Städ|te

stand → stehen

Stan|ge, die
die Stan|gen

Stän|gel, der
die Stän|gel

stark
ein starker Regen

ste|cken
er steckt

ste|hen
sie steht,
sie stand,
sie hat ge|stan|den

stei|gen
sie steigt,
sie stieg,
sie ist ge|stie|gen

Stein, der
die Stei|ne

stel|len
sie stellt

Stern, der
die Ster|ne

Stie|fel, der
die Stie|fel

Stift, der
die Stif|te

still

Stim|me, die
die Stim|men

stim|men
es stimmt

Stim|mung, die
die Stim|mun|gen
Stirn, die
die Stir|nen
Stock, der
die Stö|cke
Stoff, der
die Stof|fe
stolz
eine stolze Siegerin
Stra|ße, die
die Stra|ßen
Strauch, der
die Sträu|cher
strei|cheln
sie strei|chelt
strei|chen
er streicht, er strich,
er hat ge|stri|chen
Er streicht die Wand.
Streit, der
strei|ten
sie strei|tet,
sie stritt,
sie hat ge|strit|ten

Strumpf, der
die Strümp|fe
Stück, das
die Stü|cke
Stuhl, der
die Stüh|le
Stun|de, die
die Stun|den
su|chen
er sucht
Er sucht den Weg.
sum|men
sie summt
Sup|pe, die
die Sup|pen
süß

A
B
C
D
E
F
G
H
I
J
K
L
M
N
O
P
Qu
R
S
T
U
V
W
X
Y
Z

T/t

Ta|fel, die
die Ta|feln

Tag, der
die Ta|ge

Tan|ne, die
die Tan|nen

Tan|te, die
die Tan|ten

Tanz, der
die Tän|ze

tan|zen
sie tanzt

Ta|sche, die
die Ta|schen

Tas|se, die
die Tas|sen

Tat|ze, die
die Tat|zen

Ta|xi, das
die Ta|xis

Ted|dy, der
die Ted|dys

Tee, der
die Tees

tei|len
sie teilt

Te|le|fon, das
die Te|le|fo|ne

Tel|ler, der
die Tel|ler

teu|er

Text, der
die Tex|te

Ther|mo|me|ter, das
die Ther|mo|me|ter

tief
ein tiefer See

Tier, das
die Tie|re

Ti|ger, der
die Ti|ger

Tisch, der
die Ti|sche

Ti|tel, der
die Ti|tel

to|ben
er tobt

Toch|ter, die
die Töch|ter
To|i|let|te, die
die To|i|let|ten
toll
To|ma|te, die
die To|ma|ten
Topf, der
die Töp|fe
Tor, das
die To|re
Tor|te, die
die Tor|ten
tot
tra|gen
sie trägt, sie trug,
sie hat ge|tra|gen
Sie trägt einen Hut.
Traum, der
die Träu|me
träu|men
sie träumt
trau|rig
Trep|pe, die
die Trep|pen

tre|ten
er tritt, er trat,
er hat ge|tre|ten
trin|ken
sie trinkt, sie trank,
sie hat ge|trun|ken
tro|cken
Trop|fen, der
die Trop|fen
trotz|dem
Tuch, das
die Tü|cher
tun
er tut, er tat,
er hat ge|tan
Tür, die
die Tü|ren
Turm, der
die Tür|me
tur|nen
sie turnt
Turn|hal|le, die
die Turn|hal|len
Tü|te, die
die Tü|ten

A
B
C
D
E
F
G
H
I
J
K
L
M
N
O
P
Qu
R
S
T
U
U
V
W
X
Y
Z

U/u

üben
er übt
über
über|all
über|haupt
über|ho|len
sie über|holt
über|que|ren
er über|quert
Übung, die
die Übun|gen
Ufer, das
die Ufer
Uhr, die
die Uh|ren
um
um|fal|len
sie fällt um,
sie fiel um,
sie ist um|ge|fal|len
Um|laut, der
die Um|lau|te

und
Un|fall, der
die Un|fäl|le
Un|glück, das
die Un|glü|cke
un|heim|lich
uns
un|ser, un|se|re
Un|sinn, der
un|ten
un|ter
un|ter|hal|ten, sich
er un|ter|hält sich,
er un|ter|hielt sich,
er hat sich
un|ter|hal|ten
Un|ter|richt, der
un|ter|strei|chen
sie un|ter|streicht,
sie un|ter|strich,
sie hat un|ter|stri|chen
Ur|laub, der
die Ur|lau|be
Sie fahren in den
Urlaub (die Ferien).

V/v

Va|se, die
die Va|sen
Va|ter, der
die Vä|ter
Verb, das
die Ver|ben
ver|ges|sen
er ver|gisst,
er ver|gaß,
er hat ver|ges|sen
Ver|kehr, der
ver|lie|ren
er ver|liert, er ver|lor,
er hat ver|lo|ren
ver|rei|sen
sie ver|reist
ver|ste|cken, sich
er ver|steckt sich
ver|ste|hen
sie ver|steht,
sie ver|stand,
sie hat ver|stan|den

ver|su|chen
er ver|sucht es
viel
viel|leicht
vier
Vo|gel, der
die Vö|gel
Vo|kal, der
die Vo|ka|le
voll
vom
Er fällt vom (von dem)
Stuhl.
von
vor
vor|bei
vor|her
vor|le|sen
er liest vor,
er las vor,
er hat vor|ge|le|sen
Vor|mit|tag, der
die Vor|mit|ta|ge
vor|mit|tags
vorn

A
B
C
D
E
F
G
H
I
J
K
L
M
N
O
P
Qu
R
S
T
U
V
W
X
Y
Z

W/w

wach

wach|sen
sie wächst,
sie wuchs,
sie ist ge|wach|sen

wa|cke|lig

Wa|gen, der
die Wa|gen

wahr
Das ist nicht wahr.

Wald, der
die Wäl|der

Wand, die
die Wän|de

wann

war → sein
Sie war krank.

warm

Wär|me, die

war|ten
sie war|tet

wa|rum

was

wa|schen
er wäscht, er wusch,
er hat ge|wa|schen

Was|ser, das
die Was|ser

We|cker, der
die We|cker

weg

Weg, der
die We|ge

weg|ge|hen
er geht weg,
er ging weg,
er ist weg|ge|gan|gen

weich

Weih|nach|ten, das

weil

wei|nen
er weint

weiß

weiß → wissen
Ich weiß es.

weit

wei|ter

wel|che
   wel|cher, wel|ches
Wel|le, die
   die Wel|len
Welt, die
   die Wel|ten
wem
wen
we|nig
wenn
   wenn ich da bin
wer
wer|den
   es wird,
   es wur|de,
   es ist ge|wor|den
wer|fen
   sie wirft, sie warf,
   sie hat ge|wor|fen
Wet|ter, das
wie
wie|der
Wie|se, die
   die Wie|sen
wild

will → wollen
Wim|per, die
   die Wim|pern
Wind, der
   die Win|de
Win|ter, der
   die Win|ter
wip|pen
   er wippt
wir
wird → werden
wirk|lich
wis|sen
   sie weiß, sie wuss|te,
   sie hat ge|wusst
Witz, der
   die Wit|ze
wit|zig
wo
Wo|che, die
   die Wo|chen
wo|her
wo|hin
wohl
   Das stimmt wohl.

A B C D E F G H I J K L M N O P Qu R S T U V **W** X Y Z

A
B
C
D
E
F
G
H
I
J
K
L
M
N
O
P
Qu
R
S
T
U
V
W
X
Y
Z

woh|nen
er wohnt
Woh|nung, die
die Woh|nun|gen
Wolf, der
die Wöl|fe
Wol|ke, die
die Wol|ken
wol|kig
Wol|le, die
wol|len
er will, er woll|te,
er hat ge|wollt
Wort, das
die Wör|ter
Wunsch, der
die Wün|sche
wün|schen
sie wünscht
Wurst, die
die Würs|te
Wur|zel, die
die Wur|zeln
Wut, die
wü|tend

X/x

Xy|lo|fon, das
die Xy|lo|fo|ne

Y/y

Yak, das
die Yaks
Yp|si|lon, das
die Ypsilons

58

Z/z

Zahl, die
die Zah|len
zah|len
er zahlt
zäh|len
sie zählt
Sie zählt Schafe.
zahm
Zahn, der
die Zäh|ne
zau|bern
er zau|bert
Zaun, der
die Zäu|ne
Zeh, der
die Ze|hen
zehn
zeich|nen
er zeich|net
zei|gen
sie zeigt
Sie zeigt Mut.

Zeit, die
die Zei|ten
Zei|tung, die
die Zei|tun|gen
Zelt, das
die Zel|te
zer|rei|ßen
sie zer|reißt,
sie zer|riss,
sie hat zer|ris|sen
Sie zerreißt das Blatt.
Zet|tel, der
die Zet|tel
Zie|ge, die
die Zie|gen
zie|hen
sie zieht,
sie zog,
sie hat ge|zo|gen
Ziel, das
die Zie|le
Zim|mer, das
die Zim|mer
Zir|kus, der
die Zir|kus|se

A
B
C
D
E
F
G
H
I
J
K
L
M
N
O
P
Qu
Q
R
S
T
U
V
W
X
Y
Z

A
B
C
D
E
F
G
H
I
J
K
L
M
N
O
P
Qu
R
S
T
U
V
W
X
Y
Z

Zoo, der
  die Zoos
Zopf, der
  die Zöp|fe
zu
Zu|cker, der
zu|erst
Zug, der
  die Zü|ge
zu Hau|se
zu|letzt
zum
  Sie geht zum
  (zu dem) Bäcker.
Zun|ge, die
  die Zun|gen
zur
  Er geht zur (zu der)
  Schule.
zu|rück
zu|rück|ge|hen
  er geht zu|rück,
  er ging zu|rück,
  er ist
  zu|rück|ge|gan|gen

zu|sam|men
zu viel
  Er hat wieder zu viel
  gegessen.
zwan|zig
zwei
Zweig, der
  die Zwei|ge
Zwerg, der
  die Zwer|ge
Zwie|bel, die
  die Zwie|beln
Zwie|laut, der
  die Zwie|lau|te
Zwil|ling, der
  die Zwil|lin|ge
zwi|schen
  Wir treffen uns
  zwischen 8 und 9 Uhr.
  Er steht zwischen
  uns.
zwölf

Einleitung (3. und 4. Klasse)

Wie finde ich ein Wort?

Die Wörter in diesem Wörterbuch sind nach dem
Alphabet, also dem ABC, angeordnet. Der farbige
ABC-Streifen am Seitenrand hilft dir bei der Suche.

Die Buchstaben ä, ö, ü, ß und äu sind
unter a, o, u, ss und au geordnet: **ahnen**
   ähnlich
   Ahorn

In dieser Wörterliste findest du neben der richtigen
Schreibweise eines Wortes viele weitere Informationen.

Die (runden Klammern) bieten dir
Erklärungen zu den Wörtern: **Adresse**, die
   (Anschrift)

Steht ein „=" mit einem Wort dahinter, bedeutet dies,
dass es noch eine weitere Schreibweise
an einer anderen Stelle im ABC gibt: **Jo-Jo**, das
   die Jo-Jos
   = Yo-Yo

Steht ein **auch** in Klammern (*auch:* ...), bedeutet dies,
dass es noch eine weitere Schreibweise
an der gleichen Stelle im ABC gibt: **sodass**
   (*auch:* so dass)

Ein **auch** in Klammern zeigt dir zudem an,
dass es eine weitere Möglichkeit gibt,
die Mehrzahl zu bilden:

Cello, das
die Cellos
(*auch:* die Celli)

Auch Abkürzungen stehen
in runden Klammern:

Meter, der
die Meter
(*kurz:* m)

Die Verben stehen in der Grundform: **brennen**
Dahinter steht die Gegenwartsform: es brennt,
Bei schwierigen Verben
werden weitere Formen aufgeführt:
– 1. Vergangenheit: es brannte,
– 2. Vergangenheit: es hat gebrannt

Bei vielen Adjektiven findest du
neben der Grundform **hoch**
auch die Vergleichsstufen: höher,
am höchsten

Wie du ein Wort richtig trennen kannst,
zeigen dir die Sil|ben|trenn|stri|che.
Manchmal gibt es dabei auch mehrere
Möglichkeiten, die richtig sind: **da|ran**
(*auch:* dar|an)

Du bekommst auch Tipps zu kniffligen
Rechtschreibproblemen und Fremdwörtern.
Dicke Pfeile () hinter einem Wort sagen dir:
Sieh auch im **Merkkasten** nach!
Dort findest du weitere
Hinweise zum Stichwort.

→ beste/Beste

Kleinschreibung
die beste Schülerin
Es ist am besten.
bestens

Großschreibung
die Beste der Klasse
Es ist das Beste.
der erste Beste

Oft stehen weitere
Wörter unter dem
fett gedruckten Wort.
Sie gehören dann
zur **Wortfamilie** des fett gedruckten Wortes
und brauchen keinen eigenen Eintrag
in der Wörterliste:

Besuch, der
die Besuche
die Besucher
besuchen,
er besucht

Wenn du also ein Wort wie **besuchen**
in der Wörterliste nicht gleich findest,
dann kann es sein, dass das Wort in dünner Schrift
innerhalb seiner Wortfamilie **Besuch** steht.

Das Nachschlagen üben

1. Achte auf die Kopfwörter:
Kopfwörter sind die Wörter am oberen Rand einer Seite.
Schlage die Seite 100 auf.
Welche Kopfwörter stehen oben am Rand?
Schreibe sie in dein Heft.

2. Suche ein ganz bestimmtes Wort:
Suche das Wort **Krokodil**.
Welche Kopfwörter stehen auf der Seite oben am Rand?
Schreibe die Kopfwörter auf.
Übe es genauso mit den Wörtern **Elefant** und **Tiger**.

3. Wie schreibt man das Wort: mit eu oder äu?
Schlage im Wörterbuch nach,
ob das Wort **S**le** mit **eu** oder mit **äu** geschrieben wird.
Schreibe die Seite auf, auf der du es gefunden hast.
Übe es genauso mit den Wörtern
l**chten und **aufr**men**.

4. Wie schreibt man ein Wort: mit C oder K?
Manchmal musst du an zwei Stellen
im Wörterbuch nachschlagen,
um alle richtigen Schreibweisen zu einem Wort zu finden.
Wie schreibt man zum Beispiel die Wörter
*ousin – *ousine – *usine?
Mit C oder K? Schlage im Wörterbuch nach.

5. Schlage längere Wörter nach:
Viele zusammengesetzte Wörter findest du nur,
wenn du an zwei Stellen nachschlägst,
zum Beispiel **Blütenstängel**.
Da musst du einmal unter **Blüte** und
ein zweites Mal unter **Stängel** nachschlagen.

Wie schreibt man das Wort
Vaniljesoße – Vanillesoße – Vanillesose?
Suche es unter dem ersten Teil des Wortes
und unter dem zweiten Teil und schreibe es richtig auf.
Übe es genauso mit den Wörtern
Fingert*eater – Ind*anerzelt – Aben*euerbuch.

6. Wie heißt die Mehrzahl?
Suche zu folgenden Wörtern die Mehrzahl
und schreibe sie in dein Heft:
Strauch, Gaul, Stock, Bonbon, Globus.

7. Wie heißen die Vergangenheitsformen?
Suche im Wörterbuch die 1. Vergangenheit
und die 2. Vergangenheit von
gehen, klingen, legen, liegen, lügen.
Schreibe die Formen so in dein Heft:
gehen, ging, ist gegangen
klingen, ...

8. Wie werden die Wörter in Silben getrennt?
Suche die folgenden Wörter
und schreibe sie mit Silbentrennstrichen auf:
langweilig, Langeweile, lieber,
Dienstag, Abenteuer, schimmelig.
Schreibe sie so in dein Heft: lang|wei|lig, ...

9. Schlage nach, was die Wörter bedeuten:
Was bedeutet das Wort **Interview**?
Schlage es nach und schreibe es in einem Satz auf.
Übe es genauso mit den Wörtern
kapieren, Leporello, nippen, Panik, Schar.

10. Schlage in Merkkästen nach:
Hinter dem Stichwort **fünf** steht ein Pfeil (→).
Schlage das Wort nach und prüfe im Merkkasten:
Wie schreibt man **es ist halb F/fünf**?
Wie schreibt man **er wurde F/fünfter**?
Schreibe es richtig in dein Heft.

11. Wortfamilien nachschlagen:
Bilde zum Wort **bauen** eine Wortfamilie.
Schreibe sie so in dein Heft: bauen, sie baut, ...

12. Sich mit einem Partner austauschen:
Sprich mit einem Partner darüber, wie ihr beim
Nachschlagen von Wörtern und Wortfamilien vorgeht.

A/a

Aal, der
die Aa|le
ab
 ab morgen
 ab und zu
ab|bei|βen
 sie beiβt ab,
 sie biss ab,
 sie hat ab|ge|bis|sen
Abend/abends →
 der Abend,
 die Aben|de
 abends
Aben|teu|er, das
 die Aben|teu|er
 das Aben|teu|er|buch
aben|teu|er|lich
aber
ab|fah|ren → fahren
Ab|fall, der
 die Ab|fäl|le
Ab|fluss, der
 die Ab|flüs|se
Ab|gas, das
 die Ab|ga|se

ab|ge|ben
 er gibt ab,
 er gab ab,
 er hat ab|ge|ge|ben
Ab|grund, der
 die Ab|grün|de
ab|ho|len
 sie holt ab
ab|kür|zen
 er kürzt ab
 Er kürzt den Weg ab.
 die Ab|kür|zung

→ **Abend/abends**

Groβschreibung
am Abend
eines Abends
heute Abend
jeden Abend
am Dienstagabend
Es wird Abend.
guten Abend

Kleinschreibung
abends
dienstagabends
morgens und abends

A
B
C
D
E
F
G
H
I
J
K
L
M
N
O
P
Qu
R
S
T
U
V
W
X
Y
Z

A
B
C
D
E
F
G
H
I
J
K
L
M
N
O
P
Qu
R
S
T
U
V
W
X
Y
Z

ab|mel|den
sie mel|det ab
Sie meldet ihr Kind ab.
Ab|satz, der
die Ab|sät|ze
ab|schi|cken
sie schickt ab
Sie schickt den Brief ab.
Ab|schied, der
die Ab|schie|de
sich ver|ab|schie|den
ab|schnei|den →
schneiden
ab|schrei|ben
er schreibt ab,
er schrieb ab,
er hat ab|ge|schrie|ben
die Ab|schrift
Ab|sicht, die
die Ab|sich|ten
ab|sicht|lich
ab|stim|men
sie stimmt ab
die Ab|stim|mung
Ab|sturz, der
die Ab|stür|ze
ab|stür|zen,
er stürzt ab

ab|trock|nen
er trock|net ab
ab|wärts
ab|wärts|fah|ren,
sie fährt ab|wärts
Ab|was|ser, das
die Ab|wäs|ser
ach
Ach so!
Ach|se, die
die Ach|sen
Ach|sel, die
die Ach|seln
acht/Acht →
acht|zehn
acht|zig
acht|hun|dert
Acht, die
sich in Acht nehmen
acht|ge|ben,
er gibt acht
ach|ten
sie ach|tet
Sie achtet sehr gut
auf ihren Bruder.
die Ach|tung
Acker, der
die Äcker

Ader, die
  die Adern
Ad|jek|tiv, das
  die Ad|jek|ti|ve
Ad|ler, der
  die Ad|ler
  der Fisch|ad|ler
  der See|ad|ler

→ **acht/Acht**

Kleinschreibung
acht Jahre alt sein
acht mal zwei
Es ist halb acht.
achtens

Großschreibung
die Zahl Acht
eine Acht fahren
ein Achtel
Er wurde Achter.

**Mit Zahl oder
ausgeschrieben**
achtjährig – 8-jährig
achtmal – 8-mal
am achten *oder*
8. Januar

Ad|res|se, die
  (Anschrift)
  die Ad|res|sen
  ad|res|sie|ren
Ad|vent, der
  die Ad|ven|te
  der Ad|vents|kranz
  die Ad|vents|zeit
Af|fe, der
  die Af|fen
Af|ri|ka
  af|ri|ka|nisch
  die Af|ri|ka|ner
ah|nen
  er ahnt
  Er ahnt etwas.
  die Ah|nung
  ah|nungs|los
ähn|lich
  ähn|li|cher,
  am ähn|lichs|ten
  die Ähn|lich|keit
Ahorn, der
  die Ahor|ne
Äh|re, die
  die Äh|ren
Ak|kor|de|on, das
  die Ak|kor|de|ons

A
B
C
D
E
F
G
H
I
J
K
L
M
N
O
P
Qu
R
S
T
U
V
W
X
Y
Z

A
B
C
D
E
F
G
H
I
J
K
L
M
N
O
P
Qu
R
S
T
U
V
W
X
Y
Z

Alarm, der
al|bern
Al|ko|hol, der
  die Al|ko|ho|le
All, das
  das Welt|all
all, al|le, al|les
  all die Kinder
  alle beide, alles Gute
al|lein
  al|lein sein
  von allein
al|ler|dings
al|ler|lei
all|ge|mein
  im All|ge|mei|nen
all|mäh|lich
All|tag, der
  all|täg|lich
Al|pha|bet, das
  die Al|pha|be|te
  al|pha|be|tisch
als
  Er ist größer als ich.
al|so
alt
  äl|ter, am äl|tes|ten
  das Al|ter

am (an dem)
  am Morgen
  am besten
Amei|se, die
  die Amei|sen
Ame|ri|ka
  ame|ri|ka|nisch
  die Ame|ri|ka|ner
Am|pel, die
  die Am|peln
Am|sel, die
  die Am|seln
an
  Die Heizung ist an.
Ana|nas, die
  die Ana|nas
  (*auch:* die Ana|nas|se)
an|bau|en → bauen
An|den|ken, das
  die An|den|ken
an|de|re
  der andere, alle anderen
  andere Kinder
  jemand anderes
än|dern, sich
  sie än|dert sich
  Das Wetter ändert sich.
  die Än|de|rung

an|ders
Das ist ganz anders.

An|fang, der
die An|fän|ge

an|fan|gen
sie fängt an,
sie fing an,
sie hat an|ge|fan|gen

an|fas|sen
sie fasst an

an|for|dern → fordern

An|füh|rungs|zei|chen, das
die An|füh|rungs|zei|chen

an|ge|ben
er gibt an, er gab an,
er hat an|ge|ge|ben
der An|ge|ber,
die An|ge|be|rin

an|ge|nehm
an|ge|neh|mer,
am an|ge|nehms|ten

an|grei|fen → greifen

Angst/angst →
die Angst,
die Ängs|te
ängst|lich,
ängst|li|cher,
am ängst|lichs|ten

ängs|ti|gen, sich
sie ängs|tigt sich

an|hal|ten
er hält an, er hielt an,
er hat an|ge|hal|ten

An|hän|ger, der
die An|hän|ger

an|kli|cken
sie klickt an
Sie klickt den Link an.

an|kom|men
sie kommt an,
sie kam an,
sie ist an|ge|kom|men

an|kün|di|gen
er kün|digt an
die An|kün|di|gung

→ **Angst/angst**

Großschreibung
Angst haben
Sie hat Angst.
Angst machen
Es macht mir Angst.

Kleinschreibung
Mir ist angst und bange.

A
B
C
D
E
F
G
H
I
J
K
L
M
N
O
P
Qu
R
S
T
U
V
W
X
Y
Z

An|kunft, die
die An|künf|te
an|leh|nen
er lehnt an
Er lehnt die Tür an.
an|ma|chen
sie macht an
Sie macht das Licht an.
an|mel|den
er mel|det an
Er meldet
seinen Sohn an.
die An|mel|dung
Ano|rak, der
die Ano|raks
an|pro|bie|ren
sie pro|biert an
Sie probiert eine
neue Hose an.
an|re|den → reden
an|ru|fen
er ruft an,
er rief an,
er hat an|ge|ru|fen
der An|ruf
ans (an das)
ans Fenster gehen
ans Telefon gehen

an|sa|gen
er sagt an
die An|sa|ge
der An|sa|ger,
die An|sa|ge|rin
an|schau|en
sie schaut an
Sie schaut ihn an.
an|se|hen
er sieht an,
er sah an,
er hat an|ge|se|hen
An|sicht, die
die An|sich|ten
an|statt
an|ste|cken
er steckt an
an|stel|len, sich
sie stellt sich an
an|stren|gen, sich
er strengt sich an
Das ist anstrengend.
An|ten|ne, die
die An|ten|nen
Ant|wort, die
die Ant|wor|ten
ant|wor|ten,
sie ant|wor|tet

an|zie|hen, sich
  er zieht sich an,
  er zog sich an,
  er hat sich an|ge|zo|gen
  der An|zug
an|zün|den
  sie zün|det an
Ap|fel, der
  die Äp|fel
Ap|fel|si|ne, die
  die Ap|fel|si|nen
Apo|the|ke, die
  die Apo|the|ken
Ap|pe|tit, der
  ap|pe|tit|lich
ap|plau|die|ren
  er ap|plau|diert
  der Ap|plaus
Ap|ril, der
Aqua|ri|um, das
  die Aqua|ri|en
Ar|beit, die
  die Ar|bei|ten
  ar|bei|ten,
  sie ar|bei|tet
Ar|beiter, der
  die Ar|bei|ter,
  die Ar|bei|te|rin

Är|ger, der
  är|gern, sich
  Er ärgert sich über sie.
  är|ger|lich
Ar|gu|ment, das
  die Ar|gu|men|te
arm
  är|mer, am ärms|ten
  die Ar|men
  ärm|lich
Arm, der
  die Ar|me
Är|mel, der
  die Är|mel
Ar|mut, die
Art, die
  die Ar|ten
ar|tig
  ar|ti|ger,
  am ar|tigs|ten
Ar|ti|kel, der
  (Begleiter)
  die Ar|ti|kel
Arzt, der
  die Ärz|te,
  die Ärz|tin
aß → essen
  Er aß ein Eis.

A
B
C
D
E
F
G
H
I
J
K
L
M
N
O
Qu
R
S
T
U
V
W
X
Y
Z

Asi|en
asi|a|tisch
die Asi|a|ten
Ast, der
die Äs|te
As|tro|naut, der
(*auch*: Ast|ro|naut)
die As|tro|nau|ten,
die As|tro|nau|tin
Asyl, das
(Heim, Zufluchtsort)
die Asy|le
Atem, der
at|men, sie at|met
At|las, der
die At|lan|ten
(*auch*: die At|las|se)
auch
Das kann ich auch.
auf
auf einmal
auf|bau|en
er baut auf
der Auf|bau
auf|es|sen
sie isst auf,
sie aß auf,
sie hat auf|ge|ges|sen

auf|fal|len
sie fällt auf, sie fiel auf,
sie ist auf|ge|fal|len
Auf|for|de|rungs|satz, der
die Auf|for|de|rungs|sät|ze
Auf|ga|be, die
die Auf|ga|ben
auf|ge|ben
er gibt auf, er gab auf,
er hat auf|ge|ge|ben
auf|ge|regt
Er ist aufgeregt.
die Auf|re|gung
auf|he|ben
er hebt auf, er hob auf,
er hat auf|ge|ho|ben
auf|hö|ren
sie hört auf
auf|klä|ren
er klärt auf
die Auf|klä|rung
Auf|lauf, der
die Auf|läu|fe
auf|merk|sam
auf|merk|sa|mer,
am auf|merk|sams|ten
Auf|merk|sam|keit, die
die Auf|merk|sam|kei|ten

auf|pas|sen
  sie passt auf
auf|räu|men
  er räumt auf
auf|re|gen, sich
  sie regt sich auf
  auf|re|gend,
  auf|re|gen|der,
  am auf|re|gends|ten
Auf|re|gung, die
aufs (auf das)
  Er möchte sich
  aufs Sofa setzen.
Auf|satz, der
  die Auf|sät|ze
auf|schrei|ben →
  schreiben
auf|ste|hen
  er steht auf,
  er stand auf,
  er ist auf|ge|stan|den
Auf|trag, der
  die Auf|trä|ge
auf|wa|chen
  sie wacht auf
auf|wärts
  auf|wärts|fah|ren
  auf|wärts|ge|hen

auf|we|cken
  er weckt auf
  auf|ge|weckt
auf|zäh|len → zählen
Au|ge, das
  die Au|gen
Au|gen|blick, der
  die Au|gen|bli|cke
Au|gen|braue, die
  die Au|gen|brau|en
Au|gust, der
Au|la, die
  die Au|len
  (*auch:* die Au|las)
aus
  Sie stammt aus Polen.
Aus|bil|dung, die
  die Aus|bil|dun|gen
  aus|bil|den,
  sie bil|det aus
  aus|ge|bil|det
aus|brei|ten, sich
  es brei|tet sich aus
Aus|druck, der
  die Aus|dru|cke
  aus|dru|cken
  er druckt aus
  Er druckt den Text aus.

A
B
C
D
E
F
G
H
I
J
K
L
M
N
O
P
Qu
R
S
T
U
V
W
X
Y
Z

A
B
C
D
E
F
G
H
I
J
K
L
M
N
O
P
Qu
R
S
T
U
V
W
X
Y
Z

aus|ein|an|der
  (*auch*: aus|ei|nan|der)
  aus|ein|an|der|bre|chen
Aus|flug, der
  die Aus|flü|ge
aus|führ|lich
  aus|führ|li|cher,
  am aus|führ|lichs|ten
Aus|gang, der
  die Aus|gän|ge
  aus|ge|hen,
  sie geht aus
Aus|kunft, die
  die Aus|künf|te
aus|la|chen
  er lacht aus
  Er lacht ihn aus.
aus|lei|hen
  sie leiht aus,
  sie lieh aus,
  sie hat aus|ge|lie|hen
Aus|nah|me, die
  die Aus|nah|men
  aus|nahms|wei|se
aus|pa|cken
  sie packt aus
Aus|re|de, die
  die Aus|re|den

aus|rei|ßen
  er reißt aus,
  er riss aus,
  er ist aus|ge|ris|sen
  Er reißt von
  zu Hause aus.
Aus|rei|ßer, der
  die Aus|rei|ßer
Aus|ru|fe|satz, der
  die Aus|ru|fe|sät|ze
Aus|ru|fe|zei|chen, das
  die Aus|ru|fe|zei|chen
aus|ru|hen
  sie ruht aus
aus|rut|schen
  er rutscht aus
Aus|sa|ge|satz, der
  die Aus|sa|ge|sät|ze
aus|schla|fen → schlafen
aus|schnei|den →
  schneiden
aus|se|hen → sehen
au|ßen
  von außen, nach außen
au|ßer
  Außer ihm kommen alle.
au|ßer|dem
au|ßer|halb

Aus|stel|lung, die
 die Aus|stel|lun|gen
 aus|stel|len,
 sie stellt aus
aus|su|chen → suchen
aus|tra|gen → tragen
Aus|weg, der
 die Aus|we|ge
Aus|weis, der
 die Aus|wei|se
aus|wen|dig
 etwas auswendig lernen
aus|zie|hen → ziehen
Au|to, das
 die Au|tos
 die Au|to|bahn
 die Au|to|fah|rer
Au|to|mat, der
 die Au|to|ma|ten
 au|to|ma|tisch
Au|tor, der
 die Au|to|ren,
 die Au|to|rin
Axt, die
 die Äx|te

B/b

Ba|by, das
 die Ba|bys
Bach, der
 die Bä|che
Bach|stel|ze, die
 die Bach|stel|zen
Ba|cke, die
 die Ba|cken
ba|cken
 er backt (*auch:* bäckt),
 er back|te (*auch:* buk),
 er hat ge|ba|cken
 der Bä|cker,
 die Bä|cke|rin
 die Bä|cke|rei
Bad, das
 die Bä|der
 ba|den, sie ba|det
 die Ba|de|wan|ne
Bag|ger, der
 die Bag|ger
 bag|gern, er bag|gert
Bahn, die
 die Bah|nen
 der Bahn|hof

A
B
C
D
E
F
G
H
I
J
K
L
M
N
O
P
Qu
R
S
T
U
V
W
X
Y
Z

A
B
C
D
E
F
G
H
I
J
K
L
M
N
O
P
Qu
R
S
T
U
V
W
X
Y
Z

Bak|te|rie, die
(Krankheitserreger)
die Bak|te|ri|en
bald
Sie kommt bald.
Bal|ken, der
die Bal|ken
Bal|kon, der
die Bal|kons
(*auch:* die Bal|ko|ne)
Ball, der
die Bäl|le
Bal|lett, das
die Bal|let|te
Bal|lon, der
die Bal|lons
(*auch:* die Bal|lo|ne)
Ba|na|ne, die
die Ba|na|nen
band → binden
Band, das
die Bän|der
Band, der
(Buch)
die Bän|de
Band, die
(Musikgruppe)
die Bands

ban|ge
(*auch:* bang)
ban|ge sein
Mir ist bange.
Bangemachen gilt nicht!
Bank, die
die Bän|ke
Alle Bänke im Park
sind besetzt.
Bank, die
die Ban|ken
Sie holt ihr Geld
von der Bank.
Bär, der
die Bä|ren
der Braun|bär
der Eis|bär
bar|fuß
barfuß gehen
Bart, der
die Bär|te
bas|teln
er bas|telt
Er bastelt gerne.
die Bas|te|lei
bat → bitten
Bat|te|rie, die
die Bat|te|ri|en

Bauch, der
 die Bäu|che
 der Bauch|na|bel
 das Bauch|weh
bau|en
 sie baut
 der Bau
 die Bau|stel|le
Bau|er, der
 die Bau|ern,
 die Bäue|rin
 der Bau|ern|hof
Baum, der
 die Bäu|me
Bea|mer, der
 (Gerät zur vergrößerten
 Abbildung)
 die Bea|mer
Becher, der
 die Be|cher
 Er trinkt aus dem Becher.
Be|cken, das
 die Be|cken
 Er springt in das Becken.
be|dan|ken, sich
 sie be|dankt sich
 *Sie bedankt sich bei
 ihrer Mutter.*

be|deu|ten
 es be|deu|tet
 die Be|deu|tung
be|ei|len, sich
 er be|eilt sich
 *Er beeilt sich
 mit seiner Arbeit.*
Be|er|di|gung, die
 die Be|er|di|gun|gen
 be|er|di|gen
Bee|re, die
 die Bee|ren
Beet, das
 die Bee|te
be|feh|len
 sie be|fiehlt, sie be|fahl,
 sie hat be|foh|len
be|fin|den, sich
 sie be|fin|det sich,
 sie be|fand sich,
 sie hat sich be|fun|den
be|frei|en, sich
 sie be|freit sich
be|gabt
 die Be|ga|bung
be|geg|nen
 er be|geg|net
 die Be|geg|nung

be|gin|nen
sie be|ginnt,
sie be|gann,
sie hat be|gon|nen
Be|gräb|nis, das
die Be|gräb|nis|se
be|gra|ben, er be|gräbt
be|grü|ßen
er be|grüßt
Er begrüßt alle.
be|hal|ten
er be|hält,
er be|hielt,
er hat be|hal|ten
be|han|deln
sie be|han|delt
Die Ärztin behandelt ihn.
be|haup|ten
er be|haup|tet
die Be|haup|tung
be|hin|dern
er be|hin|dert
*Er behindert sie
beim Malen.*
be|hin|dert
die Be|hin|der|ten
die Be|hin|de|rung
bei

bei|de
*beide Arme
wir beide, die beiden*
beim (bei dem)
beim Laufen
Bein, das
die Bei|ne
bei|na|he
Bei|spiel, das
die Bei|spie|le
zum Beispiel
bei|ßen
sie beißt, sie biss,
sie hat ge|bis|sen
be|kannt
be|kannt sein
die Be|kann|ten
be|kom|men
er be|kommt, er be|kam,
er hat be|kom|men
be|lei|di|gen
sie be|lei|digt
Sie ist beleidigt.
die Be|lei|di|gung
be|leuch|ten
er be|leuch|tet
Die Straße ist beleuchtet.
die Be|leuch|tung

be|liebt
be|lieb|ter,
am be|lieb|tes|ten
bel|len
er bellt
das Ge|bell
be|loh|nen
sie be|lohnt
Sie wurde belohnt.
die Be|loh|nung
be|lü|gen
sie be|lügt,
sie be|log,
sie hat be|lo|gen
be|mer|ken
er be|merkt
Er bemerkt mich.
die Be|mer|kung
be|mü|hen, sich
sie be|müht sich
be|neh|men, sich
er be|nimmt sich,
er be|nahm sich,
er hat sich be|nom|men
das Be|neh|men
be|nö|ti|gen
sie be|nö|tigt
Sie benötigt einen Füller.

be|nut|zen
(*auch:* be|nüt|zen)
er be|nutzt
Ben|zin, das
be|ob|ach|ten
er be|ob|ach|tet
die Be|ob|ach|tung
be|quem
be|que|mer,
am be|quems|ten
die Be|quem|lich|keit
be|reit
be|reit sein
die Be|reit|schaft
be|rei|ten
sie be|rei|tet
Sie bereitet ihm eine große Überraschung.
be|reits (schon)
Sie ist bereits in der Schule.
Berg, der
die Ber|ge
ber|gig
Be|richt, der
die Be|rich|te
be|rich|ten,
sie be|rich|tet

A
B
C
D
E
F
G
H
I
J
K
L
M
N
O
P
Qu
R
S
T
U
V
W
X
Y
Z

be|rich|ti|gen
er be|rich|tigt
die Be|rich|ti|gung
Be|ruf, der
die Be|ru|fe
be|rufs|tä|tig
Be|ru|hi|gung, die
be|ru|hi|gen, er be|ru|higt
be|ru|higt
be|rühmt
be|rühm|ter,
am be|rühm|tes|ten
be|schaf|fen
sie be|schafft
Sie beschafft etwas.
be|schäf|ti|gen, sich
sie be|schäf|tigt sich
die Be|schäf|ti|gung
Be|scheid, der
die Be|schei|de
Bescheid geben
be|schei|den
die Be|schei|den|heit
be|schrei|ben
sie be|schreibt,
sie be|schrieb,
sie hat be|schrie|ben
die Be|schrei|bung

be|schüt|zen
er be|schützt
Er beschützt sie.
be|schwe|ren, sich
er be|schwert sich
Be|sen, der
die Be|sen
be|set|zen
er be|setzt
Es ist besetzt.
be|sich|ti|gen
er be|sich|tigt
die Be|sich|ti|gung
be|sit|zen
sie be|sitzt, sie be|saß,
sie hat be|ses|sen
Sie besitzt ein Schloss.
der Be|sitz
be|son|ders
bes|ser → gut
bes|te/Bes|te →
be|ste|hen
er be|steht,
er be|stand,
er hat be|stan|den
be|stim|men
sie be|stimmt
die Be|stim|mung

be|stimmt
Sie kommen bestimmt.
Be|such, der
die Be|su|che
die Be|su|cher
be|su|chen, er be|sucht
be|ten
sie be|tet
das Ge|bet
be|trach|ten
sie be|trach|tet
Sie betrachtet das Bild.
Be|trag, der
die Be|trä|ge
be|tra|gen, sie be|trägt
Die Summe beträgt 5 €.

→ **beste/Beste**

Kleinschreibung
die beste Schülerin
Es ist am besten.
bestens

Großschreibung
die Beste der Klasse
Es ist das Beste.
der erste Beste

be|tre|ten → treten
Be|trieb, der
die Be|trie|be
Bett, das
die Bet|ten
das Bett|tuch
bet|teln
sie bet|telt
der Bett|ler
beu|gen, sich
er beugt sich
Beu|le, die
die Beu|len
Beu|te, die
be|vor
kurz bevor sie kommt
be|vor|ste|hen
be|wa|chen
sie be|wacht
be|wäs|sern
er be|wäs|sert
Die Wiese wird bewässert.
die Be|wäs|se|rung
be|we|gen, sich
er be|wegt sich
Sie ist beweglich.
die Be|weg|lich|keit
die Be|we|gung

be|wei|sen
sie be|weist,
sie be|wies,
sie hat be|wie|sen
das Gegenteil beweisen
Be|weis, der
die Be|wei|se
be|wölkt
Es ist bewölkt.
die Be|wöl|kung
be|wusst
sich etwas bewusst
machen
das Be|wusst|sein
be|zah|len
er be|zahlt
die Be|zah|lung
be|zwin|gen
er be|zwingt,
er be|zwang,
er hat be|zwun|gen
Er bezwingt seinen
Gegner.
bib|bern (zittern)
sie bib|bert
Sie bibbert vor Kälte.
Bi|bel, die
die Bi|beln

Bi|ber, der
die Bi|ber
Bi|blio|thek, die
(*auch:* Bib|lio|thek)
die Bi|blio|the|ken
bie|gen
er biegt, er bog,
er hat ge|bo|gen
Bie|ne, die
die Bie|nen
Bier, das
die Bie|re
Biest, das
die Bies|ter
bie|ten
er bie|tet, er bot,
er hat ge|bo|ten
Er bietet 500 €.
Bild, das
die Bil|der
das Bil|der|buch
der Bild|schirm
bil|den, sich
sie bil|det sich
bil|lig
bil|li|ger, am bil|ligs|ten
bin → sein
Ich bin hier.

bin|den
 sie bin|det, sie band,
 sie hat ge|bun|den
 die Bin|dung
Bin|de|wort, das
 die Bin|de|wör|ter
Bin|go, das
Bio|ton|ne, die
 die Bio|ton|nen
Bio|top, das
 die Bio|to|pe
Bir|ke, die
 die Bir|ken
Bir|ne, die
 die Bir|nen
bis
 bis morgen, bis jetzt
 bis|her
Biss, der
 die Bis|se
 der Bis|sen
biss → beißen
biss|chen (etwas)
 ein bisschen Spaß
bis|sig
 bis|si|ger, am bis|sigs|ten
bist → sein
 Du bist mein Freund.

Bit, das
 (Informationseinheit
 bei Computern)
 die Bits
Bit|te, die
 die Bit|ten
bit|ten
 er bit|tet, er bat,
 er hat ge|be|ten
 Bitte sehr!
bit|ter
 bit|ter|bö|se
 bit|ter|kalt, bit|ter|lich
bla|mie|ren
 er bla|miert
 Er blamiert sein Team.
blank
 blank putzen
Bla|se, die
 die Bla|sen
bla|sen
 sie bläst,
 sie blies,
 sie hat ge|bla|sen
blass
 blas|ser (*auch:* bläs|ser),
 am blas|ses|ten
 (*auch:* am bläs|ses|ten)

A
B
C
D
E
F
G
H
I
J
K
L
M
N
O
P
Qu
R
S
T
U
V
W
X
Y
Z

A
B
C
D
E
F
G
H
I
J
K
L
M
N
O
P
Qu
R
S
T
U
V
W
X
Y
Z

Blatt, das
die Blät|ter
blät|tern, er blättert
blau/Blau →
meine blaue Bluse
bläu|lich
Blau|wal, der
die Blau|wa|le
Blech, das
die Ble|che
blei|ben
er bleibt,
er blieb,
er ist ge|blie|ben
bleich (blass)
Er wird bleich.
Blei|stift, der
die Blei|stif|te
Blick, der
die Bli|cke
bli|cken, sie blickt
blieb → bleiben
blies → blasen
blind
der Blin|de,
die Blin|de
die Blin|den|schrift
Blind|darm, der

→ **blau/Blau**

Kleinschreibung
Mein Pulli ist blau.
mein blauer Pulli
blau gestreift
(*auch:* blaugestreift)
dunkelblau, hellblau,
blaugrün, himmelblau
etwas blau anmalen

Großschreibung
die Farbe Blau
das Blau des Himmels
ein tiefes Blau

blin|ken
es blinkt
der Blin|ker
blin|zeln
er blin|zelt
Blitz, der
die Blit|ze
blit|zen, es blitzt
blitz|schnell
Block, der
die Blö|cke
(*auch:* die Blocks)

blöd
blö|der, am blö|des|ten
Blog, das *oder* der
(tagebuchartige Website)
die Blogs
blog|gen, sie bloggt
blö|ken
es blökt
Das Schaf blökt.
blond
Sie hat blondes Haar.
bloß
*Das war bloß (nur) ein
Scherz.*
*Sie geht mit bloßen
(nackten) Füßen.*
Blue|jeans, die
blü|hen
sie blüht
Blu|me, die
die Blu|men
Blu|se, die
die Blu|sen
Blut, das
blu|ten, es blu|tet
der Blut|er|guss
Blü|te, die
die Blü|ten

BMX-Rad, das
die BMX-Rä|der
bo|ckig
bo|cki|ger,
am bo|ckigs|ten
Bo|den, der
die Bö|den
bog → biegen
Bo|gen, der
die Bo|gen
(*auch:* die Bö|gen)
Boh|ne, die
die Boh|nen
boh|ren
er bohrt
der Boh|rer
Boi|ler, der
(Warmwasserbereiter)
die Boi|ler
Bom|be, die
die Bom|ben
Bon|bon, der *oder* das
die Bon|bons
Boot, das
die Boo|te
Bord, das
die Bor|de
das Bü|cher|bord

bor|gen
sie borgt
Sie borgt sich etwas.
bö|se
bö|ser, am bö|ses|ten
etwas Böses
die Bos|heit
Bot|schaft, die
die Bot|schaf|ten
Box, die
die Bo|xen
*Das Pferd steht in
seiner Box.*
bo|xen
er boxt
der Bo|xer
brach → brechen
brach|te → bringen
Brand, der
die Brän|de
brann|te → brennen
bra|ten
sie brät, sie briet,
sie hat ge|bra|ten
der Bra|ten
die Brat|wurst
Brauch, der
die Bräu|che

brau|chen
er braucht
brauch|bar
braun/Braun →
mein brauner Pulli
bräun|lich
Brau|se, die
die Brau|sen
brau|sen
es braust
Braut, die
die Bräu|te,
der Bräu|ti|gam
das Braut|paar
brav
bra|ver,
am bravs|ten
bre|chen
es bricht,
es brach,
es ist ge|bro|chen
der Bruch
Brei, der
die Breie
brei|ig
breit
brei|ter, am brei|tes|ten
die Brei|te

→ **braun/Braun**

Kleinschreibung
Meine Jacke ist braun.
meine braune Jacke
braun gestreift
(*auch:* braungestreift)
dunkelbraun, hellbraun,
braunrot
etwas braun anmalen

Großschreibung
die Farbe Braun
das Braun der Kastanie
ein helles Braun

Brem|se, die
  die Brem|sen
  brem|sen, er bremst
bren|nen
  es brennt, es brann|te,
  es hat ge|brannt
  die Brenn|nes|sel
Brett, das
  die Bret|ter
Bre|ze, die
  die Bre|zen
  = Bre|zel

Bre|zel, die
  die Bre|zeln
  = Bre|ze
Brief, der
  die Brie|fe
  der Brief|kas|ten
Bril|le, die
  die Bril|len
brin|gen
  sie bringt, sie brach|te,
  sie hat ge|bracht
Broc|co|li, der
  = Brokkoli
Bro|cken, der
  die Bro|cken
  Das ist ein dicker
  Brocken (sehr schwierig).
Brok|ko|li, der
  = Broccoli
Brom|bee|re, die
  die Brom|bee|ren
Bro|sche, die
  die Bro|schen
Brot, das
  die Bro|te
  das Bröt|chen
Brow|ser, der
  die Brow|ser

A
B
C
D
E
F
G
H
I
J
K
L
M
N
O
P
Qu
R
S
T
U
V
W
X
Y
Z

Bruch, der
  die Brü|che
Brü|cke, die
  die Brü|cken
Bru|der, der
  die Brü|der
  brü|der|lich
  Sie teilen brüderlich.
brül|len
  er brüllt
  das Ge|brüll
brum|men
  es brummt
  brum|mig
Brun|nen, der
  die Brun|nen
Brust, die
  die Brüs|te
brü|ten
  er brü|tet
  Die Vögel brüten.
Bub, der
  die Bu|ben
Buch, das
  die Bü|cher
  die Bü|che|rei
Bu|che, die
  die Bu|chen

Buch|fink, der
  die Buch|fin|ken
Büch|se, die
  die Büch|sen
Buch|sta|be, der
  die Buch|sta|ben
  buch|sta|bie|ren
bü|cken, sich
  sie bückt sich
bud|dhis|tisch
Bu|de, die
  die Bu|den
büf|feln
  sie büf|felt
  Sie büffelt für einen Test.
bü|geln
  er bü|gelt
Büh|ne, die
  die Büh|nen
Bul|le, der
  die Bul|len
Bu|me|rang, der
  die Bu|me|rangs
  (*auch:* die Bu|me|ran|ge)
bum|meln
  sie bum|melt
  durch die Stadt bummeln
  der Bum|mel

Bun|des|land, das
  die Bun|des|län|der
Bun|des|tag, der
Bun|ga|low, der
  die Bun|ga|lows
bunt
  der Bunt|stift
Burg, die
  die Bur|gen
Bür|ger, der
  die Bür|ger,
  die Bür|ge|rin
  der Bür|ger|steig
Bü|ro, das
  die Bü|ros
Bürs|te, die
  die Bürs|ten
  bürs|ten, sie bürs|tet
Bus, der
  die Bus|se
  die Bus|hal|te|stel|le
Busch, der
  die Bü|sche
bü|ßen
  er büßt
But|ter, die
  die But|ter|milch

C/c

Cam|ping, das
Cap|puc|ci|no, der
  die Cap|puc|ci|nos
CD, die
  die CDs
  der CD-Spie|ler
Cel|lo, das
  die Cel|los
  (*auch:* die Cel|li)
Cel|si|us
  5 Grad Celsius
  (*kurz:* 5 °C)
Cent, der
  (*kurz:* ct)
  die Cents
  Der Apfel kostet 50 Cent.
Chan|ce, die
  die Chan|cen
Cha|os, das
  der Cha|ot
Cha|rak|ter, der
  die Cha|rak|te|re
Chat, der
  (Gespräch per Internet)
  die Chats

A
B
C
D
E
F
G
H
I
J
K
L
M
N
O
P
Qu
R
S
T
U
V
W
X
Y
Z

che|cken
(prüfen)
er checkt
Chef, der
die Chefs,
die Che|fin
Che|mie, die
che|misch
chil|len
(entspannen)
sie chillt
Sie chillt auf der Wiese.
Chi|na
chi|ne|sisch
die Chi|ne|sen
Chip, der
die Chips
Chor, der
die Chö|re
Christ, der
die Chris|ten,
die Chris|tin
der Christ|baum
christ|lich
Chris|tus
Cir|cus, der
die Cir|cus|se
= Zirkus

cle|ver (klug)
ein cleveres Mädchen
Clown, der
die Clowns,
die Clow|nin
Co|mic, der
die Co|mics
Com|pu|ter, der
die Com|pu|ter
cool
coo|ler,
am cools|ten
ein cooler Typ
Corn|flakes, die
Couch, die
die Cou|ches
Cou|sin, der
die Cou|sins
Cou|si|ne, die
die Cou|si|nen
= Kusine
Cow|boy, der
die Cow|boys
Creme, die
die Cremes
Cur|sor, der
die Cur|sors

D/d

da
 da sein
da|bei
 da|bei blei|ben
 da|bei sein
Dach, das
 die Dä|cher
Dachs, der
 die Dach|se
dach|te → denken
Da|ckel, der
 die Da|ckel
da|durch
da|für
 Er kann nichts dafür.
da|ge|gen
da|heim
 da|heim|blei|ben
da|her
da|hin
da|hin|ter
da|mals
Da|me, die
 die Da|men
 das Da|me|spiel

da|mit
däm|lich
 däm|li|cher,
 am däm|lichs|ten
Damm, der
 die Däm|me
Dampf, der
 die Dämp|fe
 damp|fen, es dampft
Damp|fer, der
 die Damp|fer
da|nach
da|ne|ben
Dä|ne|mark
 dä|nisch, die Dä|nen
Dank, der
 Danke sagen
 vielen Dank
 dan|ke
 Danke schön!
 dan|ken, sie dankt
 dank|bar
 die Dank|bar|keit
dann
da|ran (*auch:* dar|an)
da|rauf (*auch:* dar|auf)
da|raus (*auch:* dar|aus)
darf → dürfen

A B C D E F G H I J K L M N O P Qu Qr R S T U V W X Y Z

da|rin (*auch:* dar|in)

Darm, der
 die Där|me

da|rü|ber (*auch:* dar|ü|ber)

da|rum (*auch:* dar|um)

da|run|ter
 (*auch:* dar|un|ter)

das/dass →

das|sel|be
 Sie hat dasselbe gesagt.

Da|tei, die
 die Da|tei|en

Da|tum, das
 die Da|ten

dau|ern
 es dau|ert
 die Dau|er

Dau|men, der
 die Dau|men

da|von
 davon hören
 Sie wollen davonlaufen
 (weglaufen).

da|vor
 Davor habe ich nur
 selten Angst.

da|zu
 Er braucht Mut dazu.

da|zwi|schen
 Dazwischen ist viel Platz.

De|cke, die
 die De|cken
 de|cken, sie deckt

De|ckel, der
 die De|ckel

deh|nen, sich
 er dehnt sich
 die Deh|nung

dein
 dei|ne, dei|nem, dei|nen,
 dei|ner, dei|nes

→ **das/dass**

das (Artikel, Pronomen)
das Buch (dieses Buch)
das Buch, das (welches)
dort liegt
Ich glaube das (dies)
nicht.

dass (Bindewort)
Ich glaube, dass ich ein
Buch bekomme.
Ich hoffe,
dass du kommst.

Del|fin, der
  die Del|fi|ne
  = Delphin
Del|phin, der
  die Del|phi|ne
  = Delfin
dem
  neben dem Haus
dem|nächst
den
  durch den Tunnel
de|nen
den|ken
  sie denkt, sie dach|te,
  sie hat ge|dacht
  das Den|ken
  denk|bar
denn
  Sie fehlt, denn sie
  ist krank.
der
  der Mann
des
  die Kappe des Jungen
des|halb
Desk|top, der
  (Benutzeroberfläche)
  die Desk|tops

des|sen
des|to
  Desto besser!
des|we|gen
De|tek|tiv, der
  die De|tek|ti|ve,
  die De|tek|ti|vin
deut|lich
  deut|li|cher,
  am deut|lichs|ten
deutsch/Deutsch →
De|zem|ber, der

→ **deutsch/Deutsch**

Kleinschreibung
die deutsche Sprache
Sie spricht deutsch.
(Wie spricht sie?)

Großschreibung
ein Deutscher
die Deutschen
etwas auf Deutsch
sagen
Er spricht gutes Deutsch.
(Was spricht er?)
Deutschland

A
B
C
D
E
F
G
H
I
J
K
L
M
N
O
P
Qu
R
S
T
U
V
W
X
Y
Z

Di|a|log, der
  (Zwiegespräch)
  die Di|a|lo|ge
dich
  Ich sehe dich.
dicht
  dich|ter,
  am dich|tes|ten
dich|ten
  er dich|tet
  der Dich|ter,
  die Dich|te|rin
dick
  di|cker, am dicks|ten
die
  die Frau
Dieb, der
  die Die|be,
  die Die|bin
Dieb|stahl, der
  die Dieb|stäh|le
Die|le, die
  die Die|len
die|nen
  sie dient
Diens|tag/diens|tags →
  der Diens|tag,
  die Diens|ta|ge

dies
  die|se, die|ser, die|ses
  die|ses Mal, dies|mal
Dik|tat, das
  die Dik|ta|te
  dik|tie|ren, er dik|tiert
Ding, das
  die Din|ge
Din|go, der
  (australischer Wildhund)
  die Din|gos
Di|no|sau|ri|er, der
  die Di|no|sau|ri|er
Diph|thong, der
  (*auch:* Di|phthong)
  die Diph|thon|ge

→ **Dienstag/dienstags**

Großschreibung
der Dienstag
am Dienstag
jeden Dienstag
am Dienstagabend

Kleinschreibung
dienstags
dienstagabends

dir
Ich helfe dir.
Dis|ko|thek, die
die Dis|ko|the|ken
Dis|kus|si|on, die
(Meinungsaustausch)
die Dis|kus|sio|nen
dis|ku|tie|ren
sie dis|ku|tiert
Sie diskutiert mit ihm.
Dis|play, das
(Anzeige beim Computer
und Handy)
die Dis|plays
Dis|tel, die
die Dis|teln
doch
Docht, der
die Doch|te
Dok|tor, der
die Dok|to|ren,
die Dok|to|rin
Dom, der
die Do|me
Domp|teur, der
(Tierbändiger)
die Domp|teu|re,
die Domp|teu|rin

Dö|ner, der
die Dö|ner
Don|ner, der
die Don|ner
don|nern,
es don|nert
**Don|ners|tag/
don|ners|tags** →
der Don|ners|tag,
die Don|ners|ta|ge
doof
doo|fer, am doofs|ten
die Doof|heit
Dop|pel|punkt, der
die Dop|pel|punk|te

→ **Donnerstag/
donnerstags**

Großschreibung
der Donnerstag
am Donnerstag
jeden Donnerstag
am Donnerstagabend

Kleinschreibung
donnerstags
donnerstagabends

A B C **D** E F G H I J K L M N O P Qu R S T U V W X Y Z

dop|pelt
 doppelt so schnell
 das Dop|pel|te
 der Dop|pel|klick
 dop|pel|kli|cken
Dorf, das
 die Dör|fer
Dorn, der
 die Dor|nen
 dor|nig
 Dorn|rös|chen
 (Märchenfigur)
Dorsch, der
 die Dor|sche
dort
Do|se, die
 die Do|sen
Down|load, der
 die Down|loads
 down|loa|den
 (herunterladen)
Dra|che, der
 die Dra|chen
 ein böser Drache
Dra|chen, der
 die Dra|chen
 einen Drachen
 steigen lassen

Draht, der
 die Dräh|te
dran
 dran sein
 Er will gern drankommen.
Drang, der
 die Drän|ge
 drän|gen, er drängt
drän|geln
 sie drän|gelt
 sich vor|drän|geln
 Sie drängelt sich vor.
 die Drän|ge|lei
drauf (darauf)
 drauf|set|zen
drau|ßen
 draußen bleiben
Dreck, der
 dre|ckig,
 dre|cki|ger,
 am dre|ckigs|ten
dre|hen
 er dreht
 die Dre|hung
drei/Drei →
 drei|eckig
 drei|ßig, drei|zehn,
 drei|hun|dert

dre|schen
  er drischt, er drosch,
  er hat ge|dro|schen
dres|sie|ren
  sie dres|siert
drin (darin)
  drin|nen
drin|gend
  drin|gen|der,
  am drin|gends|ten
drit|te/Drit|te →
Dro|ge, die
  die Dro|gen
dro|hen
  sie droht
  Sie droht ihm.
  die Dro|hung
dröh|nen
  es dröhnt
  Mir dröhnt der Kopf.
drol|lig
  drol|li|ger,
  am drol|ligs|ten
Dro|me|dar, das
  die Dro|me|da|re
Drops, der *oder* das
  die Drops
drü|ben

drü|ber (darüber)
  drü|ber|fah|ren
dru|cken
  sie druckt
  der Dru|cker

→ **drei/Drei/
   dritte/Dritte**

Kleinschreibung
drei Jahre alt sein
drei mal zwei
Es ist halb drei.
das dritte Haus
drittens

Großschreibung
die Zahl Drei
eine Drei schreiben
eine Drei im Zeugnis
ein Drittel
Er wurde Dritter.

**Mit Zahl oder
ausgeschrieben**
dreijährig – 3-jährig
dreimal – 3-mal
am dritten
oder 3. Januar

A
B
C
D
E
F
G
H
I
J
K
L
M
N
O
P
Qu
R
S
T
U
V
W
X
Y
Z

drü|cken
  er drückt
  Der Schuh drückt.
drü|ckend
  Es war sehr drückend
  (heiß).
drum (darum)
drun|ter (darunter)
Dschun|gel, der
  die Dschun|gel
du
  Du kommst doch?
du|cken, sich
  er duckt sich
Duft, der
  die Düf|te
  duf|ten, es duf|tet
  Das Parfüm duftet.
dumm
  düm|mer,
  am dümms|ten
  die Dumm|heit
Dü|ne, die
  die Dü|nen
Dün|ger, der
  die Dün|ger
  dün|gen, er düngt
  Er düngt das Feld.

dun|kel
  dunk|ler,
  am dun|kels|ten
  dun|kel|blau
  die Dun|kel|heit
dünn
  dün|ner,
  am dünns|ten
Dunst, der
  die Düns|te
  duns|tig
durch
durch|dre|hen → drehen
durch|ein|an|der
  (*auch:* durch|ei|nan|der)
Durch|fall, der
durch|le|sen → lesen
durch|schnei|den →
  schneiden
durch|set|zen → setzen
durch|sich|tig
durch|strei|chen →
  streichen
dür|fen
  sie darf, sie durf|te,
  sie hat ge|durft
dürr
  dür|rer, am dürrs|ten

Durst, der
durs|tig
 durs|ti|ger,
 am durs|tigs|ten
Du|sche, die
 die Du|schen
du|schen
 sie duscht
düs|ter (finster)
 düs|te|rer,
 am düs|ters|ten
 Es war düster.
Dut|zend, das
 (zwölf Stück)
 dut|zend|fach
 dut|zend|mal
Dy|na|mo, der
 die Dy|na|mos
DVD, die
 die DVDs
 der DVD-Play|er
 der DVD-Spie|ler

E/e

eben
 *Sie ist eben (in diesem
 Augenblick) gekommen.*
 die Ebe|ne
eben
 eben|falls
 eben|so
 ebenso schnell
Echo, das
 die Echos
Ech|se, die
 die Ech|sen
echt
Ecke, die
 die Ecken
 eckig
egal
ehe
 eher, am ehes|ten
 noch ehe sie kam
Ehe, die
 die Ehen
 das Ehe|paar
ehr|lich
 die Ehr|lich|keit

A B C D E F G H I J K L M N O P Qu R S T U V W X Y Z

Ei, das
  die Ei|er
Ei|che, die
  die Ei|chen
Ei|chel, die
  die Ei|cheln
Eich|hörn|chen, das
  die Eich|hörn|chen
Ei|dech|se, die
  die Ei|dech|sen
eif|rig
  eif|ri|ger, am eif|rigs|ten
ei|gen
Ei|gen|schaft, die
  die Ei|gen|schaf|ten
ei|gent|lich
Ei|gen|tum, das
Ei|le, die
ei|len
  sie eilt
  Sie eilt nach Hause.
ei|lig
  ei|li|ger, am ei|ligs|ten
Ei|mer, der
  die Ei|mer
ein
  ei|ne, ei|nem, ei|nen,
  ei|ner, ei|nes

ein|an|der
  (*auch:* ei|nan|der)
Ein|bahn|stra|ße, die
  die Ein|bahn|stra|ßen
ein|bre|chen → brechen
ein|fach
  ein|fa|cher,
  am ein|fachs|ten
ein|fä|deln
  er fädelt ein
  Er fädelt den Faden ein.
ein|fal|len
  es fällt ein, es fiel ein,
  es ist ein|ge|fal|len
  Die Mauer fällt bald ein.
  der Ein|fall
ein|fü|gen
  sie fügt ein
  Sie fügt das Wort ein.
Ein|gang, der
  die Ein|gän|ge
ein|ge|ben
  sie gibt ein, sie gab ein,
  sie hat ein|ge|ge|ben
ein|ge|schnappt
  Sie ist eingeschnappt
  (beleidigt).
ein/eins/Eins →

ei|nig
Sie sind sich einig.
sich ei|ni|gen
ei|ni|ge
einige Male
ein|kau|fen
er kauft ein
der Ein|kauf
ein|la|den
er lädt ein, er lud ein,
er hat ein|ge|la|den

→ **ein/eins/Eins**

Kleinschreibung
ein Jahr alt sein
ein mal eins
Es ist halb eins.

Großschreibung
die Zahl Eins
eine Eins schreiben
eine Eins im Zeugnis

**Mit Zahl oder
ausgeschrieben**
einjährig – 1-jährig
einmal – 1-mal

Ein|la|dung, die
die Ein|la|dun|gen
ein|log|gen, sich
(in ein Computer-
programm einwählen)
er loggt sich ein
ein|mal
auf einmal
noch einmal
Es war einmal.
ein|ma|lig
Ein|mal|eins, das
ein|pa|cken
sie packt ein
ein|prä|gen, sich
(gut merken)
er prägt sich ein
*Er prägt sich
den Schulweg ein.*
Ein|rich|tung, die
die Ein|rich|tun|gen
sich ein|rich|ten
ein|sam
ein|sa|mer,
am ein|sams|ten
die Ein|sam|keit
ein|schen|ken
sie schenkt ein

A
B
C
D
E
F
G
H
I
J
K
L
M
N
O
P
Qu
R
S
T
U
V
W
X
Y
Z

A B C D **E** F G H I J K L M N O P Qu R S T U V W X Y Z

ein|schla|fen
er schläft ein,
er schlief ein,
er ist ein|ge|schla|fen

ein|sper|ren
sie sperrt ein

ein|tre|ten
sie tritt ein, sie trat ein,
sie ist ein|ge|tre|ten
der Ein|tritt

ein|ver|stan|den

Ein|weg|fla|sche, die
die Ein|weg|fla|schen

ein|wer|fen
sie wirft ein,
sie warf ein,
sie hat ein|ge|wor|fen

Ein|zahl, die

ein|zeln
ein einzelner Baum
jeder Einzelne

ein|zie|hen
er zieht ein, er zog ein,
er ist ein|ge|zo|gen
der Ein|zug

ein|zig
ein einziger Mensch
Sie war die Einzige.

Eis, das
ei|sig
eisig kalt
eis|kalt

Ei|sen, das
die Ei|sen

Ei|sen|bahn, die
die Ei|sen|bah|nen

ek|lig
ekel|haft
der Ekel

Ele|fant, der
die Ele|fan|ten

ele|gant
ele|gan|ter,
am ele|gan|tes|ten

Elek|tri|ker, der
(*auch:* Elekt|ri|ker)
die Elek|tri|ker
elek|trisch

Elek|tro|nik, die
(*auch:* Elekt|ro|nik)
elek|tro|nisch

Ele|ment, das
die Ele|men|te

elf/Elf →

Elf|chen, das
die Elf|chen

El|fe, die
  die El|fen
El|len|bo|gen, der
  die El|len|bo|gen
Els|ter, die
  die Els|tern
El|tern, die

→ **elf/Elf**

Kleinschreibung
elf Jahre alt sein
elf mal zwei
Es ist halb elf.
elftens

Großschreibung
die Zahl Elf
die Elf der
Schulmannschaft
der Elfmeter
Er wurde Elfter.

**Mit Zahl oder
ausgeschrieben**
elfjährig – 11-jährig
elfmal – 11-mal
am elften *oder*
11. Januar

E-Mail, die
  die E-Mails
emp|fan|gen
  sie emp|fängt,
  sie emp|fing,
  sie hat emp|fan|gen
  der Emp|fang
emp|feh|len
  sie emp|fiehlt,
  sie emp|fahl,
  sie hat emp|foh|len
  die Emp|feh|lung
emp|fin|den
  er emp|fin|det,
  er emp|fand,
  er hat emp|fun|den
En|de, das
  am Ende, zu Ende sein
  die En|dung
end|lich
end|gül|tig
Ener|gie, die
  die Ener|gi|en
eng
  en|ger, am engs|ten
  die En|ge
En|gel, der
  die En|gel

A B C D E F G H I J K L M N O P Qu R S T U V W X Y Z

En|kel, der
die En|kel
ent|de|cken
sie ent|deckt
die Ent|de|ckung
En|te, die
die En|ten
ent|fer|nen, sich
er ent|fernt sich
die Ent|fer|nung
ent|ge|gen
ent|ge|gen|kom|men
ent|hal|ten
es ent|hält, es ent|hielt,
es hat ent|hal|ten
ent|lang
ent|lang|ge|hen
ent|schei|den, sich
sie ent|schei|det sich,
sie ent|schied sich,
sie hat sich ent|schie|den
die Ent|schei|dung
ent|schul|di|gen, sich
sie ent|schul|digt sich
die Ent|schul|di|gung
ent|setz|lich
ent|setz|li|cher,
am ent|setz|lichs|ten

ent|sor|gen
er ent|sorgt
Er entsorgt den Müll.
ent|ste|hen
es ent|steht,
es ent|stand,
es ist ent|stan|den
ent|täu|schen
er ent|täuscht
Er enttäuscht sie.
Sie ist von ihm
enttäuscht.
die Ent|täu|schung
ent|we|der
entweder ich oder du
ent|wi|ckeln, sich
es ent|wi|ckelt sich
die Ent|wick|lung
ent|wi|schen (entkommen)
er ent|wischt
Er ist mir entwischt.
ent|zwei
ent|zwei|bre|chen
er
Er|be, der
die Er|ben
Erb|se, die
die Erb|sen

Erd|bee|re, die
  die Erd|bee|ren
Er|de, die
Erd|nuss, die
  die Erd|nüs|se
er|eig|nen, sich
  es er|eig|net sich
Er|eig|nis, das
  die Er|eig|nis|se
er|fah|ren
  sie er|fährt, sie er|fuhr,
  sie hat er|fah|ren
Er|fah|rung, die
  die Er|fah|run|gen
er|fin|den
  sie er|fin|det, sie er|fand,
  sie hat er|fun|den
Er|fin|dung, die
  die Er|fin|dun|gen
Er|folg, der
  die Er|fol|ge
  er|folg|reich
er|for|schen
  er er|forscht
  Er erforscht das All.
er|frie|ren → frieren
er|fri|schen
  sie er|frischt

er|gän|zen
  sie er|gänzt
  die Er|gän|zung
Er|geb|nis, das
  die Er|geb|nis|se
er|hal|ten
  sie er|hält, sie er|hielt,
  sie hat er|hal|ten
er|ho|len, sich
  sie er|holt sich
  Sie erholt sich
  in den Ferien.
  die Er|ho|lung
er|in|nern, sich
  sie er|in|nert sich
  die Er|in|ne|rung
er|käl|ten, sich
  sie er|käl|tet sich
  die Er|käl|tung
er|ken|nen
  sie er|kennt,
  sie er|kann|te,
  sie hat er|kannt
  die Er|kennt|nis
er|klä|ren
  sie er|klärt
er|kun|di|gen, sich
  sie er|kun|digt sich

A
B
C
D
E
F
G
H
I
J
K
L
M
N
O
P
Qu
R
S
T
U
V
W
X
Y
Z

er|lau|ben
  sie er|laubt
  die Er|laub|nis
Er|le, die
  die Er|len
er|le|ben
  sie er|lebt
  das Er|leb|nis
er|le|di|gen
  sie er|le|digt
  die Er|le|di|gung
Er|leich|te|rung, die
  die Er|leich|te|run|gen
er|mah|nen
  sie er|mahnt
  die Er|mah|nung
er|näh|ren, sich
  sie er|nährt sich
  die Er|näh|rung
ernst
  erns|ter, am erns|tes|ten
ern|ten
  sie ern|tet
  die Ern|te
Er|pel, der
  die Er|pel
er|schöpft (müde)
  Sie ist erschöpft.

er|schre|cken
  er er|schreckt,
  er er|schrak,
  er ist er|schro|cken
erst
  erst jetzt
ers|te/Ers|te →
er|tap|pen (erwischen)
  sie er|tappt
  Sie ertappt ihn.

→ **erste/Erste**

Kleinschreibung
die erste Klasse
mein erstes Buch
erstens

Großschreibung
Sie war als Erste im Ziel.
der Erste des Monats
Erste Hilfe leisten
Sie wurde Erste.

**Mit Zahl oder
ausgeschrieben**
am ersten *oder*
1. Januar

er|trin|ken → trinken
Er|wach|se|ne, der
  die Er|wach|se|nen
  er|wach|sen sein
er|war|ten
  sie er|war|tet
  Sie erwartet etwas.
Er|wei|te|rungs|pro|be, der
  die Er|wei|te|rungs|pro|ben
er|wi|dern (antworten)
  sie er|wi|dert
  Sie erwidert etwas.
er|zäh|len
  sie er|zählt
  Sie erzählt ein Märchen.
  die Er|zäh|lung
Er|zeu|ger, der
  die Er|zeu|ger
er|zie|hen
  sie er|zieht,
  sie er|zog,
  sie hat er|zo|gen
  die Er|zie|hung
es
  Es ist schon spät.
  Es geht mir gut.
Esel, der
  die Esel

es|sen
  sie isst, sie aß,
  sie hat ge|ges|sen
  das Es|sen
Eta|ge, die
  (Stockwerk)
  die Eta|gen
Etui, das
  die Etuis
et|wa
et|was
euch
  eu|er, eu|re
Eu|le, die
  die Eu|len
Eu|ro, der
  (*kurz:* €)
  die Eu|ros
  Es kostet 8 Euro.
Eu|ro|pa
  eu|ro|pä|isch
  die Eu|ro|pä|er
ewig
  die Ewig|keit
Ex|pe|di|ti|on, die
  (Forschungsreise)
  die Ex|pe|di|ti|o|nen
ex|tra (*auch:* ext|ra)

A B C D E **F** G H I J K L M N O P Qu R S T U V W X Y Z

F/f

Fa|bel, die
 die Fa|beln
Fach, das
 die Fä|cher
Fach|werk, das
Fa|ckel, die
 die Fa|ckeln
Fa|den, der
 die Fä|den
fä|hig (imstande)
 Sie ist fähig.
Fah|ne, die
 die Fah|nen
fah|ren
 sie fährt, sie fuhr,
 sie ist ge|fah|ren
 Sie fährt mit der Bahn.
 der Fah|rer,
 die Fah|re|rin
 die Fahrt
 das Fahr|zeug
Fahr|rad, das
 die Fahr|rä|der
 beim Rad|fah|ren
 der Fahr|rad|helm

fair (gerecht)
 fai|rer, am fairs|ten
 ein fairer Sportler
 die Fair|ness
 un|fair
Fal|ke, der
 die Fal|ken
Fall, der
 die Fäl|le
fal|len
 er fällt, er fiel,
 er ist ge|fal|len
fäl|len
 er fällt
 Er fällt einen Baum.
falsch
 falsch schreiben
fal|ten
 sie fal|tet
 Sie faltet das Papier.
Fal|ter, der
 die Fal|ter
Fa|mi|lie, die
 die Fa|mi|li|en
Fan, der (Anhänger
 eines Sportvereins)
 die Fans
 Er ist ein Fan.

fand → finden
fan|gen
  sie fängt, sie fing,
  sie hat ge|fan|gen
  der Fang
Fan|ta|sie, die
  die Fan|ta|si|en
  = Phantasie
  fan|ta|sie|ren
Far|be, die
  die Far|ben
  far|big, far|bi|ger,
  am far|bigs|ten
  fär|ben, er färbt
  farb|lich
Fa|san, der
  die Fa|sa|ne
  (auch: die Fa|sa|nen)
Fa|sching, der
  die Fa|schin|ge
Fass, das
  die Fäs|ser
fas|sen
  sie fasst
  Sie fasst ihn an.
  die Fas|sung
fast (beinahe)
  Sie waren fast pünktlich.

fas|ten
  sie fas|tet
  die Fas|ten|zeit
Fast|nacht, die
  die Fast|nach|ten
fau|chen
  sie faucht
  Die Katze faucht.
faul
  fau|ler, am fauls|ten
  fau|len|zen, er fau|lenzt
  die Faul|heit
Faust, die
  die Fäus|te
Fax, das
  die Fa|xe
  fa|xen, er faxt
Fa|xen, die (Unsinn)
  Sie macht den ganzen
  Tag Faxen.
Fe|bru|ar, der
  (auch: Feb|ru|ar)
Fe|der, die
  die Fe|dern
  das Fe|der|mäpp|chen
Fee, die
  die Fe|en
  fe|en|haft

A B C D E F G H I J K L M N O P Qu R S T U V W X Y Z

111

A B C D E F G H I J K L M N O P Qu R S T U V W X Y Z

fe|gen
  er fegt
feh|len
  sie fehlt
Feh|ler, der
  die Feh|ler
  feh|ler|frei
Fei|er, die
  die Fei|ern
  der Fei|er|tag
  fei|ern, sie fei|ert
fei|ge
  fei|ger, am feigs|ten
  der Feig|ling
fein
  fei|ner, am feins|ten
Feind, der
  die Fein|de
  feind|lich
Feld, das
  die Fel|der
Fel|ge, die
  die Fel|gen
Fell, das
  die Fel|le
Fel|sen, der
  die Fel|sen
  fel|sig

Fens|ter, das
  die Fens|ter
Fe|ri|en, die
Fer|kel, das
  die Fer|kel

fern
  fer|ner, am ferns|ten
  die Fer|ne
fern|se|hen
  er sieht fern,
  er sah fern,
  er hat fern|ge|se|hen
  beim Fernsehen
  der Fern|se|her
Fer|se, die
  die Fer|sen

fer|tig
  fer|tig wer|den
fest
  fes|ter, am fes|tes|ten
  fest|hal|ten
  fest|ma|chen
  fest|stel|len
Fest, das
  die Fes|te
  fest|lich
Fest|plat|te, die
  die Fest|plat|ten

fett
  fet|ter, am fet|tes|ten
  das Fett, fet|tig
feucht
  feuch|ter,
  am feuch|tes|ten
  die Feuch|tig|keit
Feu|er, das,
  die Feu|er
  der Feu|er|sa|la|man|der
  die Feu|er|wehr
Fi|bel, die
  die Fi|beln
Fich|te, die
  die Fich|ten
Fie|ber, das
  das Fie|ber|ther|mo|me|ter
fiel → fallen
fies
  fie|ser, am fie|ses|ten
Fi|gur, die
  die Fi|gu|ren
Film, der
  die Fil|me
  fil|men, sie filmt
  der Film|star
Fil|ter, der *oder* das
  die Fil|ter

Filz|stift, der
  die Filz|stif|te
fin|den
  sie fin|det, sie fand,
  sie hat ge|fun|den
  der Fund
fing → fangen
Fin|ger, der
  die Fin|ger
  der Fin|ger|na|gel
Fink, der
  die Fin|ken
fins|ter
  fins|te|rer,
  am fins|ters|ten
  die Fins|ter|nis
Fir|mung, die
  die Fir|mun|gen
  der Firm|ling
Fisch, der
  die Fi|sche
  fi|schen, er fischt
  der Fi|scher
fit
  fit|ter, am fit|tes|ten
  die Fit|ness
fix
  fi|xer, am fi|xes|ten

A
B
C
D
E
F
G
H
I
J
K
L
M
N
O
P
Qu
R
S
T
U
V
W
X
Y
Z

A
B
C
D
E
F
G
H
I
J
K
L
M
N
O
P
Qu
R
S
T
U
V
W
X
Y
Z

flach
  fla|cher, am flachs|ten
Flä|che, die
  die Flä|chen
  flä|chig
  das Flach|land
Fla|den, der
  die Fla|den
  das Fla|den|brot
Flag|ge, die
  die Flag|gen
Fla|min|go, der
  die Fla|min|gos
Flam|me, die
  die Flam|men
Fla|sche, die
  die Fla|schen
flat|tern
  er flat|tert
  Der Vogel flattert.
flech|ten
  sie flicht, sie flocht,
  sie hat ge|floch|ten
  Sie flicht ihre Zöpfe.
Fleck, der
  die Fle|cke
  (*auch:* die Fle|cken)
  fle|ckig

Fleisch, das
Fleiß, der
  flei|ßig, flei|ßi|ger,
  am flei|ßigs|ten
fli|cken
  sie flickt
  Sie flickt die Hose.
Flie|der, der
Flie|ge, die
  die Flie|gen
flie|gen
  er fliegt, er flog,
  er ist ge|flo|gen
flie|hen
  sie flieht, sie floh,
  sie ist ge|flo|hen
flie|ßen
  es fließt, es floss,
  es ist ge|flos|sen
flink
  flin|ker, am flin|kes|ten
flit|zen
  er flitzt
Flo|cke, die
  die Flo|cken
  flo|ckig
flog → fliegen
floh → fliehen

Floh, der
die Flö|he
floss → fließen
Floß, das
die Flö|ße
Flos|se, die
die Flos|sen
Flö|te, die
die Flö|ten
flö|ten, er flö|tet
flott
flot|ter, am flot|tes|ten
flu|chen
er flucht
flüch|ten
sie flüch|tet
die Flucht
der Flücht|ling
Flug, der
die Flü|ge
der Flug|ha|fen
das Flug|zeug
Flü|gel, der
die Flü|gel
Flun|der, die
die Flun|dern
flun|kern (schwindeln)
sie flun|kert

Flur, der
die Flu|re
Fluss, der
die Flüs|se
flüs|sig
flüs|si|ger,
am flüs|sigs|ten
die Flüs|sig|keit
flüs|tern
sie flüs|tert
Flut, die
die Flu|ten
Foh|len, das
die Foh|len
Föhn, der
die Föh|ne
föh|nen, er föhnt
fol|gen
er folgt
Fon|tä|ne, die
die Fon|tä|nen
for|dern
sie for|dert
för|dern
er för|dert
der För|der|un|ter|richt
Fo|rel|le, die
die Fo|rel|len

A
B
C
D
E
F
G
H
I
J
K
L
M
N
O
P
Qu
R
S
T
U
V
W
X
Y
Z

for|men
sie formt
for|schen
sie forscht
der For|scher,
die For|sche|rin
Förs|ter, der
die Förs|ter
fort
fort sein
fort|ge|hen
Fo|to, das
die Fo|tos
fo|to|gra|fie|ren,
er fo|to|gra|fiert
der Fo|to|graf,
die Fo|to|gra|fin
Foul, das
(unfaires Spiel)
die Fouls
fra|gen
sie fragt
die Fra|ge
der Fra|ge|satz
das Fra|ge|zei|chen
Frank|reich
fran|zö|sisch,
die Fran|zo|sen

fraß → fressen
Frat|ze, die
die Frat|zen
Frau, die
die Frau|en
frech
fre|cher, am frechs|ten
die Frech|heit
frei
frei sein
frei|ha|ben
frei|hän|dig
die Frei|heit
Frei|tag/frei|tags →
der Frei|tag,
die Frei|ta|ge

→ **Freitag/freitags**

Großschreibung
der Freitag
am Freitag
jeden Freitag
am Freitagmittag

Kleinschreibung
freitags
freitagmittags

Frei|zeit, die
fremd
  fremd sein
  der Frem|de
fres|sen
  er frisst, er fraß,
  er hat ge|fres|sen
  das Fres|sen
Freu|de, die
  die Freu|den
  freu|dig
freu|en, sich
  sie freut sich
Freund, der
  die Freun|de,
  die Freun|din
  freund|lich, freund|li|cher,
  am freund|lichs|ten
  die Freund|schaft
Frie|den, der
  fried|lich, fried|li|cher,
  am fried|lichs|ten
frie|ren
  sie friert, sie fror,
  sie hat ge|fro|ren
  Der Boden ist gefroren.
Fri|ka|del|le, die
  die Fri|ka|del|len

frisch
  fri|scher,
  am frischs|ten
  (*auch:* am fri|sches|ten)
fri|sie|ren
  er fri|siert
  der Fri|seur,
  die Fri|seu|rin
  die Fri|sur
froh
  fro|her,
  am fro|hes|ten
  froh sein
fröh|lich
  fröh|li|cher,
  am fröh|lichs|ten
  die Fröh|lich|keit
fromm
  from|mer,
  am fromms|ten
  die Fröm|mig|keit
fror → frieren
Frosch, der
  die Frö|sche
Frost, der
  die Frös|te
  fros|tig, fros|ti|ger,
  am fros|tigs|ten

A B C D E **F** G H I J K L M N O P Qu R S T U V W X Y Z

A B C D E F G H I J K L M N O P Qu R S T U V W X Y Z

Frucht, die
  die Früch|te
  frucht|bar
früh
  frü|her,
  am frü|hes|ten
  morgen früh
Früh|ling, der
  die Früh|lin|ge
  das Früh|jahr
Früh|stück, das
  die Früh|stü|cke
  früh|stü|cken,
  er früh|stückt
Frust, der
  frus|triert (enttäuscht)
  Sie ist frustriert.
Fuchs, der
  die Füch|se,
  die Füch|sin
füh|len
  sie fühlt
Füh|ler, der
  die Füh|ler
fuhr → fahren
füh|ren
  sie führt
  die Füh|rung

fül|len
  sie füllt
  Sie füllt die Flasche.
Fül|ler, der
  die Fül|ler
  der Füll|fe|der|hal|ter
fünf/Fünf →
  fünf|zehn, fünf|zig,
  fünf|hun|dert

→ **fünf/Fünf**

Kleinschreibung
fünf Jahre alt sein
fünf mal zwei
Es ist halb fünf.
fünftens

Großschreibung
die Zahl Fünf
eine Fünf schreiben
zwei Fünfen im Zeugnis
Er wurde Fünfter.

**Mit Zahl oder
ausgeschrieben**
fünfjährig – 5-jährig
fünfmal – 5-mal
am fünften *oder* 5. Mai

Funk, der
 fun|ken, sie funkt
Fun|ke, der
 die Fun|ken
funk|ti|o|nie|ren
 es funk|ti|o|niert
für
für|ein|an|der
 (*auch:* für|ei|nan|der)
Furcht, die
 furcht|bar, furcht|ba|rer,
 am furcht|bars|ten
fürch|ten, sich
 sie fürch|tet sich
fürch|ter|lich
Fuß, der
 die Fü|ße
 zu Fuß gehen
 die Fuß|gän|ger
Fuß|ball, der
 die Fuß|bäl|le
Fut|ter, das
 fut|tern, er fut|tert
 füt|tern, sie füt|tert
 die Füt|te|rung

G/g

gab → geben
Ga|bel, die
 die Ga|beln
ga|ckern
 er ga|ckert
 Das Huhn gackert.
gaf|fen
 er gafft
gäh|nen
 sie gähnt
 Sie gähnt vor
 Müdigkeit.
ga|lop|pie|ren
 er ga|lop|piert
 Das Pferd galoppiert.
 der Ga|lopp
Gäm|se, die
 die Gäm|sen
Gang, der
 die Gän|ge
 die Gang|schal|tung
Gans, die
 die Gän|se
 der Gän|se|rich
 das Gän|se|blüm|chen

A
B
C
D
E
F
G
H
I
J
K
L
M
N
O
P
Qu
R
S
T
U
V
W
X
Y
Z

A
B
C
D
E
F
G
H
I
J
K
L
M
N
O
P
Qu
R
S
T
U
V
W
X
Y
Z

ganz
ganz und gar
die ganze Familie
das Gan|ze

gar
gar kein Ärger
gar nicht, gar nichts

gar
gar sein
gar ko|chen

Ga|ra|ge, die
die Ga|ra|gen

Gar|di|ne, die
die Gar|di|nen

Garn, das
die Gar|ne

Gar|ten, der
die Gär|ten
der Gärt|ner,
die Gärt|ne|rin

Gas, das
die Ga|se
das Gas|pe|dal

Gas|se, die
die Gas|sen

Gast, der
die Gäs|te
das Gast|haus

Gaul, der
die Gäu|le

Gau|men, der
die Gau|men

Ge|bäck, das
die Ge|bä|cke

Ge|bär|de, die
die Ge|bär|den

Ge|bäu|de, das
die Ge|bäu|de

ge|ben
er gibt, er gab,
er hat ge|ge|ben

Ge|bet, das
die Ge|be|te

ge|be|ten → bitten

Ge|bir|ge, das
die Ge|bir|ge
ge|bir|gig

Ge|biss, das
die Ge|bis|se

ge|bis|sen → beißen

ge|blie|ben → bleiben

ge|bo|gen → biegen

ge|bo|ren

Ge|bot, das
die Ge|bo|te

ge|bracht → bringen

ge|brannt → brennen
ge|brau|chen
  sie ge|braucht
  der Ge|brauch
ge|bro|chen → brechen
ge|bun|den → binden
Ge|burt, die
  die Ge|bur|ten
Ge|burts|tag, der
  die Ge|burts|ta|ge
ge|dacht → denken
Ge|dächt|nis, das
  die Ge|dächt|nis|se
Ge|dan|ke, der
  die Ge|dan|ken
Ge|dicht, das
  die Ge|dich|te
Ge|drän|ge, das
  Im Flur ist ein großes
  Gedränge.
Ge|duld, die
  sich ge|dul|den
  ge|dul|dig
ge|eig|net
  ge|eig|ne|ter,
  am ge|eig|nets|ten
Ge|fahr, die
  die Ge|fah|ren

ge|fähr|lich
  ge|fähr|li|cher,
  am ge|fähr|lichs|ten
ge|fal|len
  sie ge|fällt, sie ge|fiel,
  sie hat ge|fal|len
ge|flo|gen → fliegen
ge|flo|hen → fliehen
ge|flos|sen → fließen
ge|frie|ren
  es ge|friert, es ge|fror,
  es ist ge|fro|ren
Ge|fühl, das
  die Ge|füh|le
ge|fun|den → finden
ge|gan|gen → gehen
ge|gen
  Er ist gegen mich.
  gegen Abend
Ge|gend, die
  die Ge|gen|den
ge|gen|sei|tig
Ge|gen|teil, das
  die Ge|gen|tei|le
ge|gen|über
Ge|gen|ver|kehr, der
Ge|gen|wart, die
ge|ges|sen → essen

A
B
C
D
E
F
G
H
I
J
K
L
M
N
O
P
Qu
R
S
T
U
V
W
X
Y
Z

121

A
B
C
D
E
F
G
H
I
J
K
L
M
N
O
P
Qu
Q
R
S
T
U
V
W
X
Y
Z

ge|gos|sen → gießen
ge|han|gen → hängen
ge|hängt → hängen
ge|heim
  ge|hei|mer,
  am ge|heims|ten
Ge|heim|nis, das
  die Ge|heim|nis|se
ge|hen
  sie geht, sie ging,
  sie ist ge|gan|gen
  spa|zie|ren ge|hen
ge|heu|er (unheimlich)
  Mir ist das nicht ganz
  geheuer.
Ge|hirn, das
  die Ge|hir|ne
  die Ge|hirn|er|schüt|te|rung
ge|ho|ben → heben
ge|hol|fen → helfen
Ge|hör, das
ge|hö|ren
  er ge|hört
  Es gehört mir.
ge|hor|chen
  er ge|horcht
Ge|hor|sam, der
  ge|hor|sam sein

Geh|weg, der
  die Geh|we|ge
Gei|ge, die
  die Gei|gen
  gei|gen, sie geigt
  Geige spielen
Geist, der
  die Geis|ter
gei|zig
  gei|zi|ger, am gei|zigs|ten
  der Geiz
ge|kannt → kennen
ge|klun|gen → klingen
ge|kriegt → kriegen
ge|kro|chen → kriechen
Ge|län|der, das
  die Ge|län|der
ge|launt
  Sie ist gut gelaunt.
ge|lau|fen → laufen
gelb/Gelb →
  mein gelbes T-Shirt
Geld, das
  die Gel|der
  der Geld|schein
ge|le|gen → liegen
Ge|le|gen|heit, die
  die Ge|le|gen|hei|ten

Ge|lenk, das
  die Ge|len|ke
ge|lie|hen → leihen
ge|lin|gen
  es ge|lingt, es ge|lang,
  es ist ge|lun|gen
ge|lo|gen → lügen
gel|ten
  es gilt, es galt,
  es hat ge|gol|ten
  die Gel|tung

→ gelb/Gelb

Kleinschreibung
Mein Pulli ist gelb.
mein gelber Pulli
gelb gestreift
(*auch:* gelbgestreift)
hellgelb, gelbgrün
etwas gelb anmalen

Großschreibung
die Farbe Gelb
das Gelb der Zitrone
ein strahlendes Gelb
Die Ampel steht auf
Gelb.

ge|mein
  ge|mei|ner,
  am ge|meins|ten
  die Ge|mein|heit
Ge|mein|de, die
  die Ge|mein|den
ge|mein|sam
  Sie erleben gemeinsam
  tolle Abenteuer.
  die Ge|mein|sam|keit
  die Ge|mein|schaft
ge|mocht → mögen
Ge|mü|se, das
ge|müt|lich
  ge|müt|li|cher,
  am ge|müt|lichs|ten
  die Ge|müt|lich|keit
ge|nannt → nennen
ge|nau
  ge|nau|er,
  am ge|nau|es|ten
  ge|nau neh|men
ge|nau|so
  ge|nau|so gut
ge|nie|ßen
  sie ge|nießt,
  sie ge|noss,
  sie hat ge|nos|sen

A
B
C
D
E
F
G
H
I
J
K
L
M
N
O
P
Qu
R
S
T
U
V
W
X
Y
Z

ge|nom|men → nehmen
ge|nug
  ge|nug ha|ben
  genug Zeit haben
Ge|nuss, der
  die Ge|nüs|se
Ge|päck, das
  der Ge|päck|trä|ger
Ge|pard, der
  die Ge|par|de
ge|pfif|fen → pfeifen
ge|ra|de = grade
  gerade sitzen
  ge|ra|de|aus
  un|ge|ra|de
ge|rannt → rennen
Ge|rät, das
  die Ge|rä|te
  der Ge|rä|te|schup|pen
  das Ge|rä|te|tur|nen
Ge|räusch, das
  die Ge|räu|sche
ge|recht
Ge|rech|tig|keit, die
ge|rie|ben → reiben
ge|ring
  ge|rin|ger,
  am ge|rings|ten

ge|ris|sen → reißen
ge|rit|ten → reiten
gern
  Sie hat ihn gern.
ge|ro|chen → riechen
Ge|ruch, der
  die Ge|rü|che
ge|run|gen → ringen
ge|samt
  die gesamte Familie
  die Ge|samt|heit
  ins|ge|samt
ge|sandt → senden
Ge|sang, der
  die Ge|sän|ge
Ge|schäft, das
  die Ge|schäf|te
ge|sche|hen
  es ge|schieht,
  es ge|schah,
  es ist ge|sche|hen
  das Ge|sche|hen
ge|scheit (klug)
  ge|schei|ter,
  am ge|schei|tes|ten
  Sie ist sehr gescheit.
Ge|schenk, das
  die Ge|schen|ke

Ge|schich|te, die
die Ge|schich|ten
ge|schickt
Er ist sehr geschickt.
ge|schie|den → scheiden
ge|schie|nen → scheinen
Ge|schirr, das
Ge|schlecht, das
die Ge|schlech|ter
ge|schli|chen → schleichen
ge|schlos|sen → schließen
ge|schlun|gen
→ schlingen
Ge|schmack, der
die Ge|schmä|cke
ge|schmack|voll
ge|schmis|sen
→ schmeißen
ge|schmol|zen
→ schmelzen
ge|schnit|ten → schneiden
ge|scho|ben → schieben
ge|schos|sen → schießen
Ge|schrei, das
ge|schrie|ben → schreiben
ge|schrien → schreien
ge|schwie|gen
→ schweigen

Ge|schwin|dig|keit, die
die Ge|schwin|dig|kei|ten
ge|schwind
Ge|schwis|ter, die
ge|schwom|men
→ schwimmen
ge|ses|sen → sitzen
Ge|setz, das
die Ge|set|ze
ge|setz|lich
Ge|sicht, das
die Ge|sich|ter
Ge|spenst, das
die Ge|spens|ter
ge|spon|nen → spinnen
Ge|spräch, das
die Ge|sprä|che
ge|sprä|chig
ge|spro|chen → sprechen
ge|sprun|gen → springen
ge|stan|den → stehen
Ge|stank, der
ges|tern
gestern Abend
seit ges|tern
der ges|tri|ge Tag
ge|stie|gen → steigen
ge|sto|chen → stechen

A B C D E F G H I J K L M N O P Qu R S T U V W X Y Z

ge|stoh|len → stehlen
ge|stor|ben → sterben
ge|streift
ge|stri|chen → streichen
ge|strit|ten → streiten
Ge|strüpp, das
ge|stun|ken → stinken
ge|sund
  ge|sün|der,
  am ge|sün|des|ten
Ge|sund|heit, die
ge|sun|gen → singen
ge|sun|ken → sinken
ge|tan → tun
Ge|tränk, das
  die Ge|trän|ke
ge|trau|en, sich
  sie ge|traut sich
Ge|trei|de, das
ge|trennt
  ge|trennt schrei|ben
ge|trof|fen → treffen
ge|trun|ken → trinken
Ge|wächs, das
  die Ge|wäch|se
Ge|walt, die
  die Ge|wal|ten
  ge|wal|tig

Ge|wäs|ser, das
  die Ge|wäs|ser
ge|we|sen → sein
Ge|wicht, das
  die Ge|wich|te
ge|winkt → winken
ge|win|nen
  sie ge|winnt,
  sie ge|wann,
  sie hat ge|won|nen
  der Ge|winn
ge|wiss
Ge|wis|sen, das
  ge|wis|sen|haft
Ge|wit|ter, das
  die Ge|wit|ter
ge|wo|gen → wiegen
ge|wöh|nen, sich
  er ge|wöhnt sich
  Er hat sich an die
  Schule gewöhnt.
ge|won|nen → gewinnen
ge|wor|den → werden
ge|wor|fen → werfen
ge|wun|ken → winken
Ge|würz, das
  die Ge|wür|ze
ge|wusst → wissen

ge|zo|gen → ziehen
ge|zwun|gen → zwingen
gibt → geben
gie|rig
  gie|ri|ger, am gie|rigs|ten
gie|ßen
  er gießt, er goss,
  er hat ge|gos|sen
Gieß|kan|ne, die
  die Gieß|kan|nen
Gift, das
  die Gif|te
gif|tig
  gif|ti|ger, am gif|tigs|ten
ging → gehen
Gips, der
  Sie trägt am linken Fuß
  einen Gips.
Gi|raf|fe, die
  die Gi|raf|fen
Gi|tar|re, die
  die Gi|tar|ren
Git|ter, das
  die Git|ter
glän|zen
  es glänzt
  der Glanz
  glän|zend

Glas, das
  die Glä|ser
  glä|sern
glatt
  glat|ter (*auch:* glät|ter),
  am glat|tes|ten
  (*auch:* am glät|tes|ten)
  die Glät|te
  das Glatt|eis
Glat|ze, die
  die Glat|zen
glau|ben
  sie glaubt
  der Glau|be
  gläu|big
  Sie ist gläubig.
gleich
  Sie sind gleich groß.
  gleich|alt|rig
  das Glei|che
  gleich|zei|tig
Gleis, das
  die Glei|se
glei|ten
  er glei|tet, er glitt,
  er ist ge|glit|ten
Glied, das
  die Glie|der

A B C D E F **G** H I J K L M N O P Q u R S T U V W X Y Z

glit|schig
  glit|schi|ger,
  am glit|schigs|ten
glit|zern
  er glit|zert
  Die Sterne glitzern.
Glo|bus, der
  die Glo|bus|se
  (*auch:* die Glo|ben)
Glo|cke, die
  die Glo|cken
glot|zen
  er glotzt
  Er glotzt mich an.
Glück, das
  Glück ha|ben
glück|lich
  glück|li|cher,
  am glück|lichs|ten
glü|hen
  es glüht
  die Glüh|lam|pe
  das Glüh|würm|chen
Glut, die
  die Glu|ten
  Die Glut ist heiß.
gnä|dig
  die Gna|de

Gold, das
  gol|den
  gol|dig
  der Gold|hams|ter
Go|ril|la, der
  die Go|ril|las
goss → gießen
Gott, der
  die Göt|ter
  die Göt|tin
  gött|lich
Grab, das
  die Grä|ber
gra|ben
  sie gräbt,
  sie grub,
  sie hat ge|gra|ben
  der Gra|ben
Grad, der
  die Gra|de
  Es ist 20 Grad warm.
gra|de = gerade
Grape|fruit, die
  die Grape|fruits
Gras, das
  die Grä|ser
  der Gras|halm
  gra|sen, er grast

gräss|lich
  gräss|li|cher,
  am gräss|lichs|ten
gra|tu|lie|ren
  er gra|tu|liert
  die Gra|tu|la|ti|on
grau/Grau →
  mein graues T-Shirt
  gräu|lich
grau|en
  es graut
  Mir graut vor der Arbeit
  (Angst haben).
  grau|en|voll
  das Grau|en
grau|sam
  grau|sa|mer,
  am grau|sams|ten
  die Grau|sam|keit
grei|fen
  er greift, er griff,
  er hat ge|grif|fen
  Er greift nach der Uhr.
grell
  grel|ler, am grells|ten
  grelles Licht
Gren|ze, die
  die Gren|zen

Grie|chen|land
  grie|chisch
  die Grie|chen
Grieß, der
  der Grieß|brei
Griff, der
  die Grif|fe
Grill, der
  die Grills
  gril|len, er grillt
Gril|le, die
  die Gril|len

→ **grau/Grau**

Kleinschreibung
Mein Rock ist grau.
mein grauer Rock
grau gestreift
(*auch:* graugestreift)
grauhaarig
hellgrau
etwas grau anmalen

Großschreibung
die Farbe Grau
das Grau ihres Haares
ein helles Grau

A
B
C
D
E
F
G
H
I
J
K
L
M
N
O
P
Qu
R
S
T
U
V
W
X
Y
Z

A
B
C
D
E
F
G
H
I
J
K
L
M
N
O
P
Qu
R
S
T
U
V
W
X
Y
Z

Gri|mas|se, die
  die Gri|mas|sen
grin|sen
  sie grinst
  das Grin|sen
Grip|pe, die
grob
  grö|ber, am gröbs|ten
grö|len (schreien)
  er grölt
  Die Kinder grölen.
groß
  grö|ßer, am größ|ten
  die Grö|ße
  die Gro|ßen
Groß|bri|tan|ni|en
  bri|tisch
  die Bri|ten
Groß|el|tern, die
grub → graben
Gru|be, die
  die Gru|ben
grü|beln
  sie grü|belt
grün/Grün →
  mein grünes T-Shirt
Grund, der
  die Grün|de

Grund|form, die
  die Grund|for|men
gründ|lich
  gründ|li|cher,
  am gründ|lichs|ten
Grup|pe, die
  die Grup|pen
gru|seln, sich
  er gru|selt sich
  gru|se|lig
  ein gruseliger Film

→   **grün/Grün**

Kleinschreibung
Mein Pulli ist grün.
mein grüner Pulli
grün gestreift
(*auch:* grüngestreift)
hellgrün, dunkelgrün
etwas grün anmalen

Großschreibung
die Farbe Grün
das Grün des Waldes
ein leuchtendes Grün
Die Ampel steht auf
Grün.

grü|ßen
  er grüßt
  Grüß Gott!
  der Gruß
gu|cken
  er guckt
Gu|lasch, der *oder* das
gül|tig
  die Gül|tig|keit
Gum|mi, der *oder* das
  die Gum|mis
  die Gum|mi|stie|fel
güns|tig
  güns|ti|ger,
  am güns|tigs|ten
Gur|ke, die
  die Gur|ken
Gür|tel, der
  die Gür|tel
gut
  bes|ser, am bes|ten
  gut ge|meint
  alles Gute
gü|tig
  die Gü|te
Gym|na|si|um, das
  die Gym|na|si|en

H/h

Haar, das
  die Haa|re
ha|ben
  ich ha|be, du hast,
  er/sie/es hat, wir ha|ben,
  ihr habt, sie ha|ben,
  er hat|te, er hat ge|habt
ha|cken
  er hackt
  die Ha|cke
Ha|fen, der
  die Hä|fen
Ha|fer|flo|cken, die
Ha|ge|but|te, die
  die Ha|ge|but|ten
Ha|gel, der
  ha|geln,
  es ha|gelt
Hahn, der
  die Häh|ne
  das Hähn|chen
Hai, der
  die Haie
hä|keln
  er hä|kelt

131

ha|ken (klemmen)
  sie hakt
  Die Tür hakt.
Ha|ken, der
  die Ha|ken
  das Häk|chen
halb
  eine halbe Stunde
  halb vier
  Es ist halb vier.
  halb voll
half → helfen
Hälf|te, die
  die Hälf|ten
Half|ter, das *oder* der
  die Half|ter
  das Pfer|de|half|ter
Hal|le, die
  die Hal|len
hal|lo
  ein großes Hallo
Halm, der
  die Hal|me
Hal|ma, das
  Sie spielen Halma.
Hals, der
  die Häl|se
  das Hals|tuch

hal|ten
  er hält,
  er hielt,
  er hat ge|hal|ten
  die Hal|te|stel|le
  der Halt
Ham|mer, der
  die Häm|mer
  häm|mern,
  er häm|mert
Ham|pel|mann, der
  die Ham|pel|män|ner
Hams|ter, der
  die Hams|ter
Hand, die
  die Hän|de
  das Hand|ge|lenk
  die Hand|schrift
  der Hand|schuh
han|deln
  er han|delt
  die Hand|lung
  der Händ|ler,
  die Händ|le|rin
Han|dy, das
  die Han|dys
Hang, der
  die Hän|ge

hän|gen
 sie hängt, sie häng|te,
 sie hat ge|hängt
 Sie hängte das Bild
 an die Wand.
 es hängt, es hing,
 es hat ge|han|gen
 Das Bild hing
 an der Wand.
Hap|pen, der
 die Hap|pen
 Sie hat noch keinen
 Happen gegessen.
Har|ke, die
 die Har|ken
 har|ken, sie harkt
hart
 här|ter, am här|tes|ten
 hart gekochte Eier
 hart|her|zig
 hart|nä|ckig
Ha|se, der
 die Ha|sen
 das Häs|chen
Ha|sel|maus, die
 die Ha|sel|mäu|se
Ha|sel|nuss, die
 die Ha|sel|nüs|se

has|sen
 er hasst
 der Hass
 häss|lich
hast → haben
hat → haben
hat|te → haben
hät|te → haben
 Ich hätte gern ein Brot.
hau|en
 sie haut
Hau|fen, der
 die Hau|fen
häu|fig
 häu|fi|ger,
 am häu|figs|ten
 die Häu|fig|keit
Haupt, das
 die Häup|ter
 der Häupt|ling
 die Haupt|sa|che
 haupt|säch|lich
 die Haupt|stadt
Haus, das
 die Häu|ser
 die Haus|auf|ga|be
 der Haus|meis|ter
 das Haus|tier

A
B
C
D
E
F
G
H
I
J
K
L
M
N
O
P
Qu
R
S
T
U
V
W
X
Y
Z

Haut, die
  die Häu|te
he|ben
  sie hebt, sie hob,
  sie hat ge|ho|ben
  Sie hebt die Hände.
He|cke, die
  die He|cken
  die He|cken|ro|se
Heft, das
  die Hef|te
hef|tig (stark)
  hef|ti|ger,
  am hef|tigs|ten
  Es hat gestern heftig
  geregnet.
Heft|pflas|ter, das
  die Heft|pflas|ter
hei|len
  er heilt
  Die Wunde heilt.
hei|lig
  der heilige Nikolaus
  die heilige Kommunion
  der Heilige Abend
  die Heiligen Drei Könige
Hei|lung, die
  die Hei|lun|gen

heim
  heim|ge|hen
  heim|kom|men
  das Heim
  die Heim|kehr
  das Heim|weh
Hei|mat, die
  der Hei|mat|ort
heim|lich
hei|ra|ten
  er hei|ra|tet
  die Hei|rat
hei|ser
  Sie ist heiser.
heiß
  hei|ßer, am hei|ßes|ten
hei|ßen
  er heißt, er hieß,
  er hat ge|hei|ßen
hei|ter
  hei|te|rer, am hei|ters|ten
  die Hei|ter|keit
hei|zen
  er heizt
  Er heizt die Wohnung.
  die Hei|zung
Held, der
  die Hel|den

hel|fen
sie hilft, sie half,
sie hat ge|hol|fen
die Hel|fer
hell
hel|ler, am hells|ten
hell|blau
Helm, der
die Hel|me
der Fahr|rad|helm
Hemd, das
die Hem|den
Hengst, der
die Hengs|te
Hen|kel, der
die Hen|kel
Hen|ne, die
die Hen|nen
her
hin und her
he|rab (*auch:* her|ab)
he|rab|fal|len
he|ran (*auch:* her|an)
he|ran|kom|men
he|rauf (*auch:* her|auf)
he|rauf|stei|gen
he|raus (*auch:* her|aus)
he|raus|kom|men

her|bei
Herbst, der
die Herbs|te
die Herbst|fe|ri|en
herbst|lich
Herd, der
die Her|de
der Gas|herd
Her|de, die
die Her|den
die Schaf|her|de
he|rein (*auch:* her|ein)
he|rein|kom|men
He|ring, der
die He|rin|ge
her|kom|men
sie kommt her,
sie kam her,
sie ist her|ge|kom|men
Herr, der
die Her|ren
herr|lich
herr|schen
er herrscht
her|stel|len
sie stellt her
he|rü|ber (*auch:* her|ü|ber)
he|rü|ber|schau|en

he|rum (*auch:* her|um)
  he|rum|lau|fen
he|run|ter (*auch:* her|un|ter)
  he|run|ter|fah|ren
  he|run|ter|la|den
her|vor
  her|vor|ho|len
Herz, das
  die Her|zen
  herz|lich, herz|li|cher,
  am herz|lichs|ten
  herzliche Grüße
het|zen
  er hetzt
Heu, das
heu|len
  er heult
  das Ge|heul
  Es ist zum Heulen.
heu|te
  heute Morgen
He|xe, die
  die He|xen
hielt → halten
hier
  hier|blei|ben
  hier|her
  hier sein

hieß → heißen
Hil|fe, die
  die Hil|fen
  Erste Hilfe
Him|bee|re, die
  die Him|bee|ren
  der Him|beer|saft
Him|mel, der
  die Him|mel
  him|mel|blau
  himm|lisch
hin
  hin und her
hi|nab (*auch:* hin|ab)
  hi|nab|ge|hen
hi|nauf (*auch:* hin|auf)
  hi|nauf|ge|hen
hi|naus (*auch:* hin|aus)
  hi|naus|ge|hen
Hin|der|nis, das
  die Hin|der|nis|se
hin|du|is|tisch
hi|nein (*auch:* hin|ein)
  hi|nein|ge|hen
hin|fal|len
  sie fällt hin,
  sie fiel hin,
  sie ist hin|ge|fal|len

hin|ken
er hinkt
Er hinkt mit seinem
verletzten Bein.
hin|ten
Sie steht ganz hinten.
hin|ter
hinter dem Haus
hin|ter|her
hin|ter|her|lau|fen
Hin|tern, der
die Hin|tern
hi|nü|ber (*auch:* hin|ü|ber)
hi|nü|ber|ge|hen
hi|nun|ter (*auch:* hin|un|ter)
hi|nun|ter|fal|len
hin|zu
hin|zu|kom|men
Hirsch, der
die Hir|sche
Hir|te, der
die Hir|ten
Hit, der
die Hits
die Hit|pa|ra|de
Hit|ze, die
hit|zig
hob → heben

Hob|by, das
die Hob|bys
hoch
hö|her, am höchs|ten
hoch oben
ein hoher Berg
das Hoch|haus
höchs|tens
Er ist höchstens 10 Jahre
alt.
Hoch|zeit, die
die Hoch|zei|ten
ho|cken
er hockt
die Ho|cke
der Ho|cker
Ho|ckey, das
Hof, der
die Hö|fe
der Schul|hof
hof|fen
sie hofft
die Hoff|nung
hof|fent|lich
höf|lich
höf|li|cher,
am höf|lichs|ten
die Höf|lich|keit

Hö|he, die
  die Hö|hen
hohl
  die Höh|le
Ho|kus|po|kus, der
  (Zauberspruch,
  Beschwörungsformel)
ho|len
  sie holt
Hol|land
  hol|län|disch
  die Hol|län|der
Höl|le, die
  höl|lisch
hol|pern
  er hol|pert
  holp|rig
Holz, das
  die Höl|zer
Home|page, die
  (Startseite im Internet)
  die Home|pa|ges
Ho|nig, der
hop|peln
  er hop|pelt
  Das Kaninchen hoppelt.
hop|sen
  er hopst

hor|chen
  sie horcht
Hor|de, die
  die Hor|den
hö|ren
  sie hört
  der Hö|rer,
  die Hö|re|rin
Horn, das
  die Hör|ner
Hort, der
  die Hor|te
Ho|se, die
  die Ho|sen
Ho|sen|trä|ger, der
  die Ho|sen|trä|ger
Hot|dog, der
  (*auch:* Hot Dog)
  die Hot|dogs
Ho|tel, das
  die Ho|tels
hübsch
  hüb|scher,
  am hüb|sches|ten
  Sie sieht sehr hübsch
  aus.
Hub|schrau|ber, der
  die Hub|schrau|ber

hu|cke|pack
(auf dem Rücken)
Er trägt sie huckepack.
Huf, der
die Hu|fe
das Huf|ei|sen
Hü|gel, der
die Hü|gel
Huhn, das
die Hüh|ner

Hül|le, die
die Hül|len
Hum|mel, die
die Hum|meln

Hu|mor, der
hum|peln
er hum|pelt
Hund, der
die Hun|de
die Hün|din
der Flug|hund
das Hünd|chen

hun|dert/Hun|dert →
Hun|ger, der
Hun|ger ha|ben
hun|gern, er hun|gert
hung|rig, hung|ri|ger,
am hung|rigs|ten

Hu|pe, die
die Hu|pen
hu|pen, er hupt
hüp|fen
sie hüpft
hus|ten
sie hus|tet
der Hus|ten
Sie hat Husten.
Hut, der
die Hü|te
hü|ten
er hü|tet
Er hütet die Schafe.
Hüt|te, die
die Hüt|ten

→ **hundert/Hundert**

Kleinschreibung
bis hundert zählen
Tempo hundert
hundert Tiere

Großschreibung
die Zahl Hundert
ein Hunderter

I/i

ich

Icon, das
die Icons

Idee, die
die Ide|en

Idi|ot, der
die Idi|o|ten

Igel, der
die Igel

Ig|lu, das *oder* der
die Ig|lus

ihm
Ich schenke ihm etwas.

ihn
Ich sehe ihn.

ih|nen
Wir helfen ihnen.

ihr
ih|re, ih|rem, ih|ren,
ih|rer, ih|res

im (in dem)
im Haus sein

im|mer

imp|fen
er impft

in
Ich gehe in den Garten.

in (modern)
Das ist in.

In|di|a|ner, der
die In|di|a|ner,
die In|di|a|ne|rin
in|di|a|nisch

In|di|en
in|disch,
die In|der

In|dus|trie, die
die In|dus|tri|en

In|for|ma|ti|on, die
(Auskunft, Nachricht)
die In|for|ma|ti|o|nen
in|for|ma|tiv
sich in|for|mie|ren

In|ge|ni|eur, der
die In|ge|ni|eu|re,
die In|ge|ni|eu|rin

In|halt, der
die In|hal|te

In|klu|si|on, die
(gemeinsame Erziehung)
die In|klu|si|o|nen

in|klu|si|ve (einschließlich)
Das ist im Preis inklusive.

In|li|ner, der
  die In|li|ner
  der In|line|ska|ter
  die In|line|skates
in|nen
  innen und außen
in|ner|halb
  innerhalb des Schulhofs
in|ner|lich
ins (in das)
  ins Haus gehen
In|sekt, das
  die In|sek|ten
In|sel, die
  die In|seln
ins|ge|samt
In|stru|ment, das
  (*auch:* Ins|tru|ment)
  die In|stru|men|te
in|te|grie|ren
  (eingliedern, einbeziehen;
  auch: in|teg|rie|ren)
  er in|te|griert
  die In|te|gra|ti|on
in|tel|li|gent (klug)
  in|tel|li|gen|ter,
  am in|tel|li|gen|tes|ten
  Sie ist sehr intelligent.

in|te|res|sant
  (*auch:* in|ter|es|sant)
  in|te|res|san|ter,
  am in|te|res|san|tes|ten
  das In|te|res|se
  sich in|te|res|sie|ren
In|ter|net, das
In|ter|view, das
  (Befragung)
  die In|ter|views
  in|ter|vie|wen,
  sie in|ter|viewt
Inu|it, die
  (Eigenbezeichnung der
  Eskimos)
in|zwi|schen
ir|gend
  ir|gend|ein, ir|gend|et|was
ir|ren, sich
  sie irrt sich
Irr|tum, der
  die Irr|tü|mer
isst → essen
  Er isst Kuchen.
ist → sein
  Sie ist krank.
Ita|li|en
  ita|li|e|nisch, die Ita|li|e|ner

A
B
C
D
E
F
G
H
I
J
K
L
M
N
O
P
Qu
Q
R
S
T
U
V
W
X
Y
Z

J/j

ja
Ja sagen
Jacht, die
die Jach|ten
= Yacht
Ja|cke, die
die Ja|cken
das Ja|ckett
Jagd, die
ja|gen
er jagt
Jä|ger, der
die Jä|ger
Jahr, das
die Jah|re
ein Jahr lang
die Jah|res|zeit
jah|re|lang
Jak, der
die Jaks
= Yak
jam|mern
er jam|mert
der Jam|mer
jäm|mer|lich

Ja|nu|ar, der
jau|len
er jault
Der Hund jault.
je
je früher, desto besser
Jeans, die
je|de
je|der, je|dem,
je|den, je|des
jede von euch
je|den|falls
je|doch
je|mals
je|mand
je|man|dem, je|man|den
jetzt
je|weils
jog|gen
sie joggt
Jo|ghurt, der
die Jo|ghurts
= Jogurt
Jo|gurt, der
die Jo|gurts
= Joghurt
Jo|han|nis|bee|re, die
die Jo|han|nis|bee|ren

Jo-Jo, das
  die Jo-Jos
  = Yo-Yo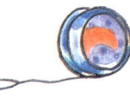
Jo|ker, der
  die Jo|ker
jong|lie|ren
  er jong|liert
Ju|bel, der
  ju|beln, sie ju|belt
ju|cken
  es juckt
  Es juckt mich.
Ju|de, der
  die Ju|den,
  die Jü|din
  jü|disch
Ju|do, das
Ju|gend, die
  ju|gend|lich
Ju|li, der
jung
  jün|ger, am jüngs|ten
Jun|ge, das *(bei Tieren)*
  die Jun|gen
Jun|ge, der *(bei Menschen)*
  die Jun|gen
Ju|ni, der

K/k

Ka|bel, das
  die Ka|bel
Ka|bi|ne, die
  die Ka|bi|nen
Ka|chel, die
  die Ka|cheln
Kä|fer, der
  die Kä|fer
  der Bor|ken|kä|fer
Kaf|fee, der
  die Kaf|fees
Kä|fig, der
  die Kä|fi|ge
kahl
Kahn, der
  die Käh|ne
Kai, der *oder* das
  die Kais
Kai|ser, der
  die Kai|ser,
  die Kai|se|rin
Ka|jak, der
  die Ka|jaks
Ka|ka|du, der
  die Ka|ka|dus

Ka|kao, der
die Ka|kaos
Kak|tus, der
die Kak|te|en
Kalb, das
die Käl|ber
das Kälb|chen
Ka|len|der, der
die Ka|len|der
kalt
käl|ter, am käl|tes|ten
die Käl|te
sich er|käl|ten
kam → kommen
Ka|mel, das
die Ka|me|le
Ka|me|ra, die
die Ka|me|ras
Ka|mil|le, die
der Ka|mil|len|tee
Ka|min, der
die Ka|mi|ne
Kamm, der
die Käm|me
käm|men
sie kämmt
Kam|mer, die
die Kam|mern

Kampf, der
die Kämp|fe
kämp|fen, er kämpft
kämp|fe|risch
Ka|nal, der
die Ka|nä|le
die Ka|na|li|sa|ti|on
Kan|dis, der
der Kan|dis|zu|cker
Kän|gu|ru, das
die Kän|gu|rus
Ka|nin|chen, das
die Ka|nin|chen
kann → können
Kan|ne, die
die Kan|nen
kann|te → kennen
Ka|non, der
die Ka|nons
Wir singen einen Kanon.
Ka|nu, das
die Ka|nus
Ka|pel|le, die
(Kirche, Musikgruppe)
die Ka|pel|len
ka|pie|ren (verstehen)
sie ka|piert
Sie kapiert die Aufgabe.

Ka|pi|tän, der
  die Ka|pi|tä|ne
Ka|pi|tel, das
  die Ka|pi|tel
Kap|pe, die
  die Kap|pen
ka|putt
  Das Spielzeug ist kaputt.
  Sie wird sich kaputtlachen.
  Er soll das nicht
  kaputt machen.
Ka|pu|ze, die
  die Ka|pu|zen
ka|riert
  mein blau kariertes Hemd
Ka|ri|es, die
  (Zahnkrankheit)
Kar|ne|val, der
  die Kar|ne|va|le
Ka|rot|te, die
  die Ka|rot|ten
Kar|te, die
  die Kar|ten
Kar|tei, die
  die Kar|tei|en
Kar|tof|fel, die
  die Kar|tof|feln
  die Kar|tof|fel|chips

Kar|ton, der
  die Kar|tons
Ka|rus|sell, das
  die Ka|rus|sells
  (*auch:* die Ka|rus|sel|le)
Kä|se, der
  die Kä|se
Kas|per, der
  die Kas|per
  das Kas|per|le
  das Kas|per|le|the|a|ter
Kas|se, die
  die Kas|sen
  kas|sie|ren, er kas|siert
Kas|set|te, die
  die Kas|set|ten
  der Kas|set|ten|re|kor|der
Kas|ta|nie, die
  die Kas|ta|ni|en
Kas|ten, der
  die Käs|ten
Ka|ter, der
  die Ka|ter
Kat|ze, die
  die Kat|zen
  das Kätz|chen
kau|en
  sie kaut

kau|fen
er kauft
der Kauf
die Kauf|frau,
der Kauf|mann
Kau|gum|mi, der *oder* das
die Kau|gum|mis
Kaul|quap|pe, die
die Kaul|quap|pen
kaum
Das ist kaum zu glauben.
Kauz, der
die Käu|ze
das Käuz|chen
Ke|gel, der
die Ke|gel
ke|geln, sie ke|gelt
keh|ren
er kehrt
Kei|ler, der
die Kei|ler
kei|men
es keimt
der Keim
kein
kei|ne, kei|ner, kei|nes,
kei|nem, kei|nen
Ich habe keinen Hunger.

Keks, der *oder* das
die Kek|se
Kel|le, die
die Kel|len
Kel|ler, der
die Kel|ler
Ke|me|na|te, die
(beheiztes Burgzimmer,
oft für Frauen)
die Ke|me|na|ten
ken|nen
sie kennt,
sie kann|te,
sie hat ge|kannt
sich ken|nen|ler|nen
Kerl, der
die Ker|le
Kern, der
die Ker|ne
Ker|ze, die
die Ker|zen
Sie bläst die Kerze aus.
Kes|sel, der
die Kes|sel
Ket|chup, der *oder* das
(*auch:* Ketch|up)
die Ket|chups
= Ketschup

146

Ket|schup, der *oder* das
  (*auch:* Ketsch|up)
  die Ket|schups
  = Ketchup
Ket|te, die
  die Ket|ten
keu|chen
  er keucht
Keuch|hus|ten, der
Keu|le, die
  die Keu|len
Key|board, das
  die Key|boards
ki|chern
  sie ki|chert
Kick|board, das
  die Kick|boards
ki|cken
  er kickt
  der Ki|cker
Kie|bitz, der
  die Kie|bit|ze
Kie|fer, der (Körperteil)
  die Kie|fer
Kie|fer, die (Baum)
  die Kie|fern
Kie|sel|stein, der
  die Kie|sel|stei|ne

Ki|lo, das
  die Ki|los
  Ki|lo|byte (*kurz:* KB)
  Ki|lo|gramm (*kurz:* kg)
  Ki|lo|me|ter (*kurz:* km)
  Ki|lo|watt (*kurz:* kW)
Kind, das
  die Kin|der
  der Kin|der|gar|ten
  kind|lich
Kinn, das
  die Kin|ne
Ki|no, das
  die Ki|nos
Ki|osk, der
  die Ki|os|ke
kip|pen
  er kippt
Kir|che, die
  die Kir|chen
  kirch|lich
  der Kirch|turm
Kir|sche, die
  die Kir|schen
Kis|sen, das
  die Kis|sen
Kis|te, die
  die Kis|ten

A B C D E F G H I J **K** L M N O P Qu R S T U V W X Y Z

A
B
C
D
E
F
G
H
I
J
K
L
M
N
O
P
Qu
R
S
T
U
V
W
X
Y
Z

kit|zeln
es kit|zelt
kitz|lig
Klacks, der
die Klack|se
Das war nur ein Klacks.
kläf|fen
er kläfft
der Kläf|fer
kla|gen
sie klagt
die Kla|ge
Kla|mauk, der
(Ulk, Krach)
Klam|mer, die
die Klam|mern
sich klam|mern
Klang, der
die Klän|ge
klang → klingen
Klap|pe, die
die Klap|pen
klap|pen
es klappt
Es klappt morgen.
klap|pern
es klap|pert
Die Tür klappert.

klar
kla|rer, am klars|ten
Klas|se, die
die Klas|sen
der Klas|sen|leh|rer,
die Klas|sen|leh|re|rin
der Klas|sen|raum
klas|se (toll)
Das ist klasse.
klat|schen
sie klatscht
Sie klatscht in die Hände.
Kla|vier, das
die Kla|vie|re
kle|ben
es klebt
der Kle|ber
kleb|rig
kle|ckern
er kle|ckert
Das Baby kleckert.
Klecks, der
die Kleck|se
kleck|sen
er kleckst
Klee, der
das Klee|blatt,
die Klee|blät|ter

Kleid, das
die Klei|der
die Klei|dung
klein
klei|ner, am kleins|ten
die Klei|nen
klem|men
es klemmt
die Klem|me
klet|tern
sie klet|tert
Klick, der
die Klicks
kli|cken, er klickt
der Dop|pel|klick
Kli|ma, das
kli|ma|tisch
klin|geln
es klin|gelt
die Klin|gel
klin|gen
es klingt, es klang,
es hat ge|klun|gen
der Klang
Kli|nik, die
(Krankenhaus)
die Kli|ni|ken
die Kin|der|kli|nik

Klin|ke, die
die Klin|ken
die Tür|klin|ke
klir|ren
es klirrt
Die Scheibe klirrt.
Klo, das
die Klos
klop|fen
es klopft
Es klopft an der Tür.
Klops, der
die Klop|se
Kloß, der
die Klö|ße
Klotz, der
die Klöt|ze
das Klötz|chen
klug
klü|ger, am klügs|ten
die Klug|heit
knab|bern
er knab|bert
kna|cken
es knackt
knal|len
es knallt
der Knall

A
B
C
D
E
F
G
H
I
J
K
L
M
N
O
P
Qu
R
S
T
U
V
W
X
Y
Z

knapp
  knap|per, am knapps|ten
  Er ist knapp (fast) 8 Jahre.
  Die Vorräte sind knapp
  (gerade ausreichend).
Knap|pe, der
  die Knap|pen
knar|ren
  es knarrt
knat|tern
  es knat|tert
Knäu|el, das
  die Knäu|el
Knecht, der
  die Knech|te
knei|fen
  sie kneift, sie kniff,
  sie hat ge|knif|fen
kne|ten
  er kne|tet
  die Kne|te
kni|cken
  sie knickt
  Sie knickt das Papier.
  der Knick
Knie, das
  die Knie
  kni|en, er kniet

Kniff, der
  die Knif|fe
knip|sen
  er knipst
knir|schen
  er knirscht
knis|tern
  es knis|tert
  Das Feuer knistert.
Knö|chel, der
  die Knö|chel
Kno|chen, der
  die Kno|chen
  kno|chig
Knö|del, der
  die Knö|del
Knol|le, die
  die Knol|len
Knopf, der
  die Knöp|fe
  knöp|fen, sie knöpft
Knos|pe, die
  die Knos|pen
Kno|ten, der
  die Kno|ten
  kno|ten, er kno|tet
knüp|fen
  er knüpft

knur|ren
  er knurrt
  Der Hund knurrt.
knus|prig
  knus|pri|ger,
  am knus|prigs|ten
Ko|bold, der
  die Ko|bol|de
Ko|bra, die
  (*auch:* Kob|ra)
  die Ko|bras
ko|chen
  sie kocht
  der Koch, die Kö|chin
Kof|fer, der
  die Kof|fer
Kohl, der
  der Kohl|ra|bi
  der Rot|kohl
Koh|le, die
  die Koh|len
Ko|met, der
  die Ko|me|ten

ko|misch
  ko|mi|scher,
  am ko|mischs|ten
Kom|ma, das
  die Kom|mas

kom|men
  er kommt, er kam,
  er ist ge|kom|men
Kom|mu|ni|on, die
  die Kom|mu|ni|o|nen
Kom|pass, der
  die Kom|pas|se
kom|pli|ziert
  (sehr schwierig)
  kom|pli|zier|ter,
  am kom|pli|zier|tes|ten
Kom|post, der
Kom|pott, das
Kon|fet|ti, das
Kon|fir|ma|ti|on, die
  die Kon|fir|ma|ti|onen

Kö|nig, der
  die Kö|ni|ge,
  die Kö|ni|gin
kön|nen
  sie kann, sie konn|te,
  sie hat ge|konnt
Kon|so|nant, der (Mitlaut)
  die Kon|so|nan|ten
kon|zen|trie|ren, sich
  (*auch:* kon|zent|rie|ren)
  sie kon|zen|triert sich
  (sie ist aufmerksam)

A B C D E F G H I J **K** L M N O P Qu R S T U V W X Y Z

Kon|zert, das
die Kon|zer|te
Kopf, der
die Köp|fe
kopf|rech|nen
Wir werden heute
kopfrechnen.
die Kopf|schmer|zen
kopf|ste|hen,
er steht kopf
Ko|pie, die
die Ko|pi|en
ko|pie|ren, er ko|piert
Korb, der
die Kör|be
Kor|del, die
die Kor|deln
Kor|ken, der
die Kor|ken
Korn, das
die Kör|ner
Kör|per, der
die Kör|per
kör|per|lich
Kor|rek|tur, die
die Kor|rek|tu|ren
kor|ri|gie|ren (berichtigen)
sie kor|ri|giert

kos|ten
es kos|tet
Es kostet viel Geld.
Er kostet (probiert)
die Marmelade.
köst|lich
köst|li|cher,
am köst|lichs|ten
Kos|tüm, das
die Kos|tü|me
Ko|te|lett, das
die Ko|te|letts
krab|beln
er krab|belt
Der Käfer krabbelt.
Krach, der
die Krä|che
kra|chen, es kracht
kräch|zen
sie krächzt
Der Rabe krächzt.
Kraft, die
die Kräf|te
kräf|tig
kräf|ti|ger, am kräf|tigs|ten
kraft|voll
Kra|gen, der
die Kra|gen

Krä|he, die
die Krä|hen
krä|hen
er kräht
Der Hahn kräht.
Kral|le, die
die Kral|len
Kram, der
kra|men, sie kramt
Kran, der
die Krä|ne
krank
krän|ker, am kränks|ten
der Kran|ke
das Kran|ken|haus
die Krank|heit
Kranz, der
die Krän|ze
Krap|fen, der
die Krap|fen
krat|zen
sie kratzt
Sie kratzt sich am Rücken.
Es kratzt im Hals.
krau|len
er krault
kraus (lockig)
Sie hat krause Haare.

Kraut, das
die Kräu|ter
Krei|de, die
die Krei|den
Kreis, der
die Krei|se
der Krei|sel
Krepp|pa|pier, das
die Krepp|pa|pie|re
Kreuz, das
die Kreu|ze
Kreu|zung, die
die Kreu|zun|gen
kreu|zen, er kreuzt
krib|beln
es krib|belt
Es kribbelt mir im Bauch.
krie|chen
er kriecht, er kroch,
er ist ge|kro|chen
Krieg, der
die Krie|ge
krie|gen
er kriegt
Er kriegt ein Geschenk.
Er kriegt Angst.
Kri|mi, der
die Kri|mis

153

Krin|gel, der
  die Krin|gel
  sich krin|geln
Krip|pe, die
  die Krip|pen
  das Krip|pen|spiel
krit|zeln
  sie krit|zelt
  Sie kritzelt ins Buch.
  die Krit|ze|lei
kroch → kriechen
Kro|ko|dil, das
  die Kro|ko|di|le
Kro|kus, der
  die Kro|kus|se
Kro|ne, die
  die Kro|nen
Krö|te, die
  die Krö|ten
  die Krö|ten|wan|de|rung
Krug, der
  die Krü|ge
krumm
  krum|mer (*auch:* krüm|mer),
  am krumms|ten
  (*auch:* am krümms|ten)
Kü|che, die
  die Kü|chen

Ku|chen, der
  die Ku|chen
Ku|ckuck, der
  die Ku|cku|cke
Ku|gel, die
  die Ku|geln
  das Kü|gel|chen
  der Ku|gel|schrei|ber
Kuh, die
  die Kü|he
kühl
  küh|ler, am kühls|ten
  küh|len, er kühlt
  der Kühl|schrank
Kü|ken, das
  die Kü|ken
Ku|li, der
  die Ku|lis
Ku|lis|se, die
  die Ku|lis|sen
Kum|mer, der
küm|mern, sich
  sie küm|mert sich
  Die Mutter kümmert sich
  um mich (sorgt für mich).
Kun|de, der
  die Kun|den,
  die Kun|din

Kunst, die
die Küns|te
das Kunst|stück
künst|lich
Kür|bis, der
die Kür|bis|se
Kurs, der
die Kur|se
an einem Kurs teilnehmen
Kur|ve, die
die Kur|ven
kur|vig
kurz
kür|zer, am kür|zes|ten
vor Kurzem
kürz|lich
ku|scheln
er ku|schelt
ku|sche|lig
das Ku|schel|tier
Ku|si|ne, die
die Ku|si|nen
= Cousine
Kuss, der
die Küs|se
küs|sen, sie küsst
Küs|te, die
die Küs|ten

L/l

lä|cheln
sie lä|chelt
das Lä|cheln
lä|cher|lich
la|chen
sie lacht
das La|chen
Das ist zum Lachen.
Lachs, der
die Lach|se
Lack, der
die La|cke
la|den
er lädt, er lud,
er hat ge|la|den
Er lädt sie ein.
La|den, der
die Lä|den
lag → liegen
La|ge, die
die La|gen
in der Lage sein
La|ger, das
die La|ger
ein Lager errichten

A B C D E F G H I J K L M N O P Qu R S T U V W X Y Z

A
B
C
D
E
F
G
H
I
J
K
L
M
N
O
P
Qu
R
S
T
U
V
W
X
Y
Z

lahm
  lah|men
  er lahmt
Laib, der
  die Lai|be
La|krit|ze, die
  (*auch:* Lak|rit|ze)
  die La|krit|zen
Lamm, das
  die Läm|mer
Lam|pe, die
  die Lam|pen
Land, das
  die Län|der
  die Land|schaft
  länd|lich
lan|den
  er lan|det
  die Lan|dung
lang
  län|ger, am längs|ten
  die Län|ge
lan|gen (reichen)
  es langt
  Es langt mir jetzt!
lang|sam
  lang|sa|mer,
  am lang|sams|ten

längst
  Sie hat längst genug.
lang|wei|lig
  lang|wei|li|ger,
  am lang|wei|ligs|ten
  die Lan|ge|wei|le
Lan|ze, die
  die Lan|zen
Lap|pen, der
  die Lap|pen
Lap|top, der
  die Lap|tops
Lärm, der
  lär|men, es lärmt
las → lesen
las|sen
  sie lässt, sie ließ,
  sie hat ge|las|sen
  Du lässt mich in Ruhe!
läs|sig
  läs|si|ger, am läs|sigs|ten
  nach|läs|sig
Last, die
  die Las|ten
Las|ter, der
  die Las|ter
La|ter|ne, die
  die La|ter|nen

Lat|te, die
  die Lat|ten
lau
  lau|warm
Laub, das
  der Laub|baum,
  die Laub|bäu|me
  der Laub|wald
  be|laubt
Lau|be, die
  die Lau|ben
  die Gar|ten|lau|be
lau|ern
  er lau|ert
  die Lau|er
  Er liegt auf der Lauer.
lau|fen
  er läuft, er lief,
  er ist ge|lau|fen
  der Lauf
  der Läu|fer,
  die Läu|fe|rin
Lau|ne, die
  die Lau|nen
  Ich habe gute Laune.
  lau|nisch
Laus, die
  die Läu|se

laut
  lau|ter, am lau|tes|ten
  der Laut|spre|cher
Laut, der
  die Lau|te
läu|ten
  er läu|tet
La|wi|ne, die
  die La|wi|nen
le|ben
  sie lebt
  le|ben|dig
Le|ben, das
  die Le|ben
  das Le|bens|mit|tel
Le|ber, die
  die Le|bern
  die Le|ber|wurst
Leb|ku|chen, der
  die Leb|ku|chen
le|cken
  sie leckt
  Sie leckt ein Eis.
le|cker
  le|cke|rer,
  am le|ckers|ten
Le|cker|bis|sen, der
  die Le|cker|bis|sen

A
B
C
D
E
F
G
H
I
J
K
L
M
N
O
P
Qu
R
S
T
U
V
W
X
Y
Z

Le|der, das
die Le|der
die Le|der|ho|se
leer
lee|ren, er leert
le|gen
er legt
Er legt das Heft zur Seite.
Le|gen|de, die
die Le|gen|den
Leg|gings, die
(lange Überziehstrümpfe)
Lehm, der
die Leh|me
leh|nen
sie lehnt
Sie lehnt sich gegen
die Mauer.
die Leh|ne
leh|ren
er lehrt
Er lehrt sie lesen.
der Leh|rer,
die Leh|re|rin
Leib, der
die Lei|ber
Lei|che, die
die Lei|chen

leicht
leich|ter,
am leich|tes|ten
leicht|sin|nig
Leicht|ath|le|tik, die
die Leicht|ath|le|ten
Leid, das
die Lei|den
lei|den
sie lei|det, sie litt,
sie hat ge|lit|ten
Es tut mir leid.
lei|der
Ich habe leider keine
Zeit.
lei|hen
er leiht, er lieh,
er hat ge|lie|hen
Leihst du mir dein Buch?
Lei|ne, die
die Lei|nen
lei|se
lei|ser, am lei|ses|ten
Leis|te, die
die Leis|ten
leis|ten
sie leis|tet
die Leis|tung

lei|ten
er lei|tet
Er leitet die Diskussion.
der Lei|ter,
die Lei|te|rin
die Lei|tung
Lei|ter, die
die Lei|tern
Lei|tung, die
die Lei|tun|gen
das Lei|tungs|netz
len|ken
er lenkt
der Len|ker
das Lenk|rad
die Lenk|stan|ge
Le|o|pard, der
die Le|o|par|den
Le|po|rel|lo, das
(harmonikaartig
gefaltetes Buch)
die Le|po|rel|los
Ler|che, die
die Ler|chen
ler|nen
sie lernt
er|ler|nen
ver|ler|nen

le|sen
er liest,
er las,
er hat ge|le|sen
das Le|se|buch
le|ser|lich
letz|te/Letz|te →
leuch|ten
es leuch|tet
der Leuch|ter
der Leucht|turm
Leu|te, die
Le|xi|kon, das
die Le|xi|ka
Li|bel|le, die
die Li|bel|len

→ **letzte/Letzte**

Kleinschreibung
das letzte Mal
letztes Mal
zum letzten Mal
der letzte Patient

Großschreibung
Sie wurde Letzte.
Er kam als Letzter.

Licht, das
  die Lich|ter
Lid, das
  die Li|der
  das Au|gen|lid
lieb
  lie|ber, am liebs|ten
Lie|be, die
  lie|ben, er liebt
  ver|liebt
  Er ist verliebt.
Lied, das
  die Lie|der
  das Lie|der|buch
lief → laufen
lie|fern
  sie lie|fert
  Sie liefert das Paket.
  die Lie|fe|rung
lie|gen
  sie liegt, sie lag,
  sie hat ge|le|gen
  Das Buch liegt auf
  dem Tisch.
  die Lie|ge
lieh → leihen
ließ → lassen
liest → lesen

li|la
  ein lila Pulli
  das Lila meines Pullis
Li|mo|na|de, die
  die Li|mo|na|den
Lin|de, die
  die Lin|den
Li|ne|al, das
  die Li|ne|a|le
Li|nie, die
  die Li|ni|en
Link, der
  die Links
links
  Sie schreibt mit links.
  Das Auto kommt von links.
  die linke Hand
Lip|pe, die
  die Lip|pen
Lis|te, die
  die Lis|ten
Li|ter, der *oder* das
  (*kurz:* l)
  die Li|ter
Li|te|ra|tur, die
  (Dichtung)
  die Li|te|ra|tu|ren
litt → leiden

live
  Sie übertragen das
  Fußballspiel live.
  die Live|sen|dung
Lkw, der (*auch:* LKW;
  kurz für: Lastkraftwagen)
  die Lkws
Lob, das
  die Lo|be
  lo|ben, sie lobt
Loch, das
  die Lö|cher
  lo|chen, er locht
Lo|cke, die
  die Lo|cken
lo|cken
  sie lockt
  Sie lockt den Hund heran.
lo|cker
  lo|cke|rer,
  am lo|ckers|ten
  Er lässt nicht locker
  (gibt nicht nach).
Löf|fel, der
  die Löf|fel
  löf|feln,
  sie löf|felt
log → lügen

lo|gisch (klar)
  Das ist doch logisch.
Lohn, der
  die Löh|ne
  sich loh|nen
Lo|ko|mo|ti|ve, die
  die Lo|ko|mo|ti|ven
Lol|li, der
  die Lol|lis
los
  Hier ist nichts los.
Los, das
  die Lo|se
  lo|sen, sie lost
lo|se
  lo|ser, am lo|ses|ten
lö|schen
  er löscht
  Er löscht die Daten.
lö|sen
  sie löst
  Sie löst das Rätsel.
  die Lö|sung
los|las|sen
  er lässt los, er ließ los,
  er hat los|ge|las|sen
Lö|we, der
  die Lö|wen

A B C D E F G H I J K **L** M N O P Qu R S T U V W X Y Z

A
B
C
D
E
F
G
H
I
J
K
L
M
N
O
P
Qu
R
S
T
U
V
W
X
Y
Z

Lö|wen|zahn, der
Lü|cke, die
  die Lü|cken
Luft, die
  die Lüf|te
  der Luft|bal|lon
  lüf|ten, sie lüf|tet
  die Luft|pum|pe
lü|gen
  er lügt, er log,
  er hat ge|lo|gen
  die Lü|ge
Lun|ge, die
  die Lun|gen
Lu|pe, die
  die Lu|pen
Lust, die
  Ich habe keine Lust.
lus|tig
  lus|ti|ger,
  am lus|tigs|ten
lut|schen
  er lutscht
  der Lut|scher
Lu|xus, der
  Das ist Luxus
  (nicht unbedingt nötig).

M/m

ma|chen
  sie macht
Macht, die
  die Mäch|te
mäch|tig
  mäch|ti|ger,
  am mäch|tigs|ten
Mäd|chen, das
  die Mäd|chen
mag → mögen
Ma|gen, der
  die Mä|gen
  (*auch:* die Ma|gen)
ma|ger
  ma|ge|rer,
  am ma|gers|ten
Ma|gie, die
  der Ma|gier
Mag|net, der
  (*auch:* Ma|gnet)
  die Mag|ne|ten
  mag|ne|tisch
mä|hen
  sie mäht
  der Mäh|dre|scher

Mahl, das
  die Mäh|ler
  (*auch:* die Mah|le)
  die Mahl|zeit
mah|len
  er mahlt
  Der Kaffee wird gemahlen.
  aber: *ein Bild malen*
mah|nen
  sie mahnt
  die Er|mah|nung
Mai, der
  der Mai|baum
  das Mai|glöck|chen

mai|len
  er mailt
  e-mai|len, er e-mailt
Mais, der
Ma|jo|nä|se, die
  die Ma|jo|nä|sen
  = Mayonnaise
Mak|ka|ro|ni, die

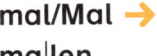

mal/Mal →
ma|len
  sie malt
  Sie hat ein Bild gemalt.
  aber: *Kaffee mahlen*
  der Ma|ler, die Ma|le|rin

Ma|ma, die
  die Ma|mas
Mam|mut, das
  die Mam|mu|te
  (*auch:* die Mam|muts)
mamp|fen
  er mampft
  Er mampft sein Schulbrot.
man
  Da hilft man gern.

→ **mal/Mal**

Kleinschreibung
auf einmal
diesmal
einmal
noch einmal
malnehmen

Großschreibung
jedes Mal
das erste Mal
zum ersten Mal
dieses Mal
viele Male
ein paar Mal
auch: paarmal

A B C D E F G H I J K L **M** N O P Qu R S T U V W X Y Z

163

manch
man|che, man|cher,
man|ches, manch|mal,
man|ches Mal
Man|da|ri|ne, die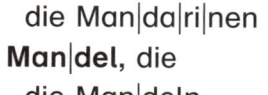
die Man|da|ri|nen
Man|del, die
die Man|deln
der Man|del|baum
Man|gel, der
die Män|gel
man|gel|haft
Mann, der
die Män|ner
die Mann|schaft
männ|lich
Man|tel, der
die Män|tel
Map|pe, die
die Map|pen
Mär|chen, das
die Mär|chen
das Mär|chen|buch
mär|chen|haft
Mar|ga|ri|ne, die
die Mar|ga|ri|nen
Ma|ri|en|kä|fer, der
die Ma|ri|en|kä|fer

Ma|ri|o|net|te, die
(Gliederpuppen an
Fäden)
die Ma|ri|o|net|ten
Mar|ke, die
die Mar|ken
Mar|ker, der
die Mar|ker
mar|kie|ren
sie mar|kiert
Sie markiert den Text.
Markt, der
die Märk|te
Mar|me|la|de, die
die Mar|me|la|den
mar|schie|ren
er mar|schiert
März, der
Mar|zi|pan, das *oder* der
die Mar|zi|pa|ne
Ma|sche, die
die Ma|schen
Ma|schi|ne, die
die Ma|schi|nen
Ma|sern, die
Mas|ke, die
die Mas|ken
mas|kie|ren

maß → messen
Maß, das
  die Ma|ße
  Maß neh|men
  der Maß|stab
Mas|se, die
  die Mas|sen
Mast, der
  die Mas|ten
Ma|te|ri|al, das
  die Ma|te|ri|a|li|en
Ma|the|ma|tik, die
  ma|the|ma|tisch
Ma|trat|ze, die
  die Ma|trat|zen
Matsch, der
  mat|schen, sie matscht
matt
  mat|ter, am mat|tes|ten
  die Mat|tig|keit
  Er war matt (erschöpft)
  vom Training.
Mat|te, die
  die Mat|ten
Mau|er, die
  die Mau|ern
Maul, das
  die Mäu|ler

Maul|wurf, der
  die Maul|wür|fe
Maus, die
  die Mäu|se
  das Mäus|chen
  das Maus|pad
  die Feld|maus
  die Fle|der|maus
Ma|yon|nai|se, die
  die Ma|yon|nai|sen
  = Majonäse
me|ckern
  sie me|ckert
Me|dail|le, die
  die Me|dail|len
Me|di|en, die
Me|di|ka|ment, das
  die Me|di|ka|men|te
Me|di|zin, die
Meer, das
  die Mee|re
Meer|schwein|chen, das
  die Meer|schwein|chen
Me|ga|byte, das
  (*kurz:* MB)
  die Me|ga|bytes
Mehl, das
  meh|lig

A B C D E F G H I J K L M N O P Qu R S T U V W X Y Z

mehr
  Ich habe keine Zeit mehr.
Mehr|zahl, die
mei|den
  sie mei|det, sie mied
  sie hat ge|mie|den
  Sie meidet große Tiere.
  ver|mei|den
mein
  mei|ne, mei|nem,
  mei|nen, mei|ner,
  mei|nes
mei|nen
  er meint
  Er meint das nicht so.
  Das ist genau das,
  was ich meine.
Mei|nung, die
  die Mei|nun|gen
Mei|se, die
  die Mei|sen
meist
  am meis|ten
  das meis|te
  meis|tens
Meis|ter, der
  die Meis|ter,
  die Meis|te|rin

mel|den
  sie mel|det
  Sie meldet einen Unfall.
  Sie meldet sich bei ihm.
  die Mel|dung
mel|ken
  er melkt (*auch:* milkt),
  er melk|te (*auch:* molk),
  er hat ge|melkt
  (*auch:* ge|mol|ken)
Me|lo|die, die
  die Me|lo|di|en
Me|lo|ne, die
  die Me|lo|nen
Me|mo|ry, das
  die Me|mo|rys
Men|ge, die
  die Men|gen
Mensch, der
  die Men|schen
  die Mensch|heit
  mensch|lich
mer|ken
  sie merkt
  Sie merkt auch alles!
  merk|wür|dig
Mes|se, die
  die Mes|sen

mes|sen
sie misst, sie maß,
sie hat ge|mes|sen
Mes|ser, das
die Mes|ser
Me|tall, das
die Me|tal|le
me|tal|lisch
Me|ter, der (*kurz:* m)
die Me|ter
Metz|ger, der
(Fleischer)
die Metz|ger
mi|au|en
sie mi|aut
mich
Mie|ne, die
(Gesichtsausdruck),
die Mie|nen
eine böse Miene machen
aber: *eine blaue Kugel-
schreibermine*
mies (schlecht)
mie|ser, am mie|ses|ten
Er hat miese Laune.
Mie|te, die
die Mie|ten
die Mie|ter

Mi|grant, der
(Auswanderer;
auch: Mig|rant)
die Mi|gran|ten,
die Mi|gran|tin
die Mi|gra|ti|on
mi|grie|ren, sie mi|griert
Mi|kro|fon, das
(*auch:* Mik|ro|fon)
die Mi|kro|fo|ne
Mi|kro|skop, das
(*auch:* Mik|ros|kop)
die Mi|kro|sko|pe
Milch, die
mild (angenehm, leicht)
mil|der, am mil|des|ten
Es ist mildes Wetter.
Mil|li|me|ter, der
(*kurz:* mm)
die Mil|li|me|ter
Mil|li|on, die
die Mil|li|o|nen
min|des|tens
Mind|map, die
die Mind|maps
Mi|ne, die
die Mi|nen
aber: *Ihre Miene war starr.*

A
B
C
D
E
F
G
H
I
J
K
L
M
N
O
P
Qu
Q
R
S
T
U
V
W
X
Y
Z

mi|nus (weniger)
  das Mi|nus|zei|chen
Mi|nu|te, die
  die Mi|nu|ten
mir
mi|schen
  sie mischt
  die Mi|schung
Mist, der
  der Mist|hau|fen
mit
mit|ar|bei|ten
  er ar|bei|tet mit
  die Mit|ar|beit
mit|ein|an|der
  (*auch:* mit|ei|nan|der)
  Sie spielen miteinander.
mit|fah|ren
  sie fährt mit, sie fuhr mit,
  sie ist mit|ge|fah|ren
mit|kom|men
  er kommt mit,
  er kam mit,
  er ist mit|ge|kom|men
Mit|leid, das
  mit|lei|dig
mit|ma|chen
  sie macht mit

mit|neh|men → nehmen
Mit|schü|ler, der
  die Mit|schü|ler,
  die Mit|schü|le|rin
Mit|tag/mit|tags →
  der Mit|tag,
  die Mit|ta|ge
Mit|te, die
  die Mit|ten
  mit|ten|drin
mit|tei|len
  sie teilt mit
  Sie teilt ihm etwas mit.
Mit|tei|lung, die
  die Mit|tei|lun|gen
Mit|tel, das
  die Mit|tel

→ **Mittag/mittags**

Großschreibung
am Mittag
heute Mittag
der Dienstagmittag

Kleinschreibung
mittags
dienstagmittags

168

Mit|ter|nacht, die
  mit|ter|nächt|lich
Mitt|woch/mitt|wochs →
  der Mitt|woch,
  die Mitt|wo|che
mi|xen
  sie mixt
  der Mi|xer
Mö|bel, das
  die Mö|bel
moch|te → mögen
Mo|de, die
  die Mo|den
Mo|del, das
  (Person, die
  Kleidung vorführt)
  die Mo|dels
Mo|dell, das
  die Mo|del|le
  die Mo|dell|ei|sen|bahn
Mo|dem, das
  die Mo|dems
mo|dern
  mo|der|ner,
  am mo|derns|ten
mo|geln
  er mo|gelt
  die Mo|ge|lei

mö|gen
  er mag, er moch|te,
  er hat ge|mocht
  Ich mag das nicht.
  Ich möchte mitspielen.
  Er mochte sein Abend-
  essen nicht.
mög|lich
  Alles ist möglich.
  mög|lichst
  al|les Mög|li|che
  die Mög|lich|keit
Mohn, der
  der Mohn|ku|chen
Möh|re, die
  die Möh|ren

→ **Mittwoch/mittwochs**

Großschreibung
der Mittwoch
am Mittwoch
jeden Mittwoch
der Mittwochmittag

Kleinschreibung
mittwochs
mittwochmittags

A
B
C
D
E
F
G
H
I
J
K
L
M
N
O
P
Qu
R
S
T
U
V
W
X
Y
Z

Mohr|rü|be, die
  die Mohr|rü|ben
mol|lig
  mol|li|ger,
  am mol|ligs|ten
  Es ist mollig warm
  (sehr warm).
  Er ist etwas mollig
  (rundlich).
Mo|ment, der
  die Mo|men|te
  Einen Moment, bitte!
Mo|nat, der
  die Mo|na|te
  mo|na|te|lang
  mo|nat|lich
Mond, der
  die Mon|de
  das Mond|licht
  der Mond|schein
Mo|ni|tor, der
  die Mo|ni|to|re
  (*auch:* die Mo|ni|to|ren)
Mons|ter, das
  die Mons|ter
Mon|tag/mon|tags →
  der Mon|tag,
  die Mon|ta|ge

Mon|ta|ge, die
  die Mon|ta|gen
  mon|tie|ren, er mon|tiert
  der Mon|teur
Moor, das
  die Moo|re
Moos, das
  die Moo|se
Mord, der
  die Mor|de
  der Mör|der
mor|gen
  mor|gen Abend
  bis morgen
  der morgige Tag

→ **Montag/montags**

Großschreibung
der Montag
am Montag
jeden Montag
der Montagabend

Kleinschreibung
montags
montagmittags
montagabends

Mor|gen/mor|gens →
  der Mor|gen,
  die Mor|gen
  mor|gens
Mo|schee, die
  die Mo|sche|en
Mos|lem, der
  die Mos|lems
  = Muslim
Mos|le|min, die
  die Mos|le|min|nen
  = Muslima, Muslimin
mos|le|misch
  = muslimisch
Mo|tor, der
  die Mo|to|ren
Moun|tain|bike, das
  die Moun|tain|bikes
Mö|we, die
  die Mö|wen
Mü|cke, die
  die Mü|cken
mü|de
  mü|der, am mü|des|ten
  die Mü|dig|keit
Mü|he, die
  die Mü|hen
  mü|he|los, müh|sam

mu|hen
  sie muht
  Die Kuh muht.
Müh|le, die
  die Müh|len
Müll, der
  die Müll|de|po|nie
  die Müll|ton|ne
Mül|ler, der
  die Mül|ler,
  die Mül|le|rin
Mund, der
  die Mün|der
  münd|lich

→ **Morgen/morgens**

Großschreibung
am Morgen
eines Morgens
heute Morgen
der Dienstagmorgen
guten Morgen

Kleinschreibung
morgens
dienstagmorgens
morgens und abends

Mün|dung, die
die Mün|dun|gen
mün|den, er mün|det
mun|ter
mun|te|rer,
am mun|ters|ten
Mün|ze, die
die Mün|zen
Mur|mel, die
die Mur|meln
mur|meln
sie mur|melt
Mur|mel|tier, das
die Mur|mel|tie|re
mur|ren
sie murrt
Mus, das
die Mu|se
das Ap|fel|mus
Mu|schel, die
die Mu|scheln
Mu|se|um, das
die Mu|se|en
Mu|si|cal, das
die Mu|si|cals
Mu|sik, die
die Mu|sik|grup|pe
mu|si|zie|ren, er mu|si|ziert

Mus|kel, der
die Mus|keln
Müs|li, das
die Müs|lis
Mus|lim, der
die Mus|li|me
= Moslem
Mus|li|ma, die
die Mus|li|mas
(*auch:* die Mus|li|men)
= Moslemin, Muslimin
Mus|li|min, die
die Mus|li|min|nen
= Moslemin, Muslima
mus|li|misch
= moslemisch
müs|sen
sie muss, sie muss|te,
sie hat ge|musst
Mus|ter, das
die Mus|ter
Mut, der
mu|tig, mu|ti|ger,
am mu|tigs|ten
Mut|ter, die
die Müt|ter
Müt|ze, die
die Müt|zen

N/n

na
Na ja! Na und?
Na|be, die
die Na|ben
Na|bel, der
die Na|bel
der Bauch|na|bel
nach
Ich fahre nach München.
nach|ah|men
er ahmt nach
Er ahmt sie nach.
die Nach|ah|mung
Nach|bar, der
die Nach|barn,
die Nach|ba|rin
nach|dem
nach|den|ken
er denkt nach,
er dach|te nach,
er hat nach|ge|dacht
nach|denk|lich
nach|ein|an|der
(*auch:* nach|ei|nan|der)
Sie kamen nacheinander.

nach Hau|se
(*auch:* nach|hau|se)
der Nach|hau|se|weg
nach|her
Nach|hil|fe, die
die Nach|hil|fen
der Nach|hil|fe|un|ter|richt
nach|ho|len
sie holt nach
Sie holt die Pause nach.
**Nach|mit|tag/
nach|mit|tags** →
der Nach|mit|tag,
die Nach|mit|ta|ge

→ **Nachmittag/
nachmittags**

Großschreibung
am Nachmittag
eines Nachmittags
heute Nachmittag
am Dienstagnachmittag

Kleinschreibung
nachmittags
dienstagnachmittags

A B C D E F G H I J K L M **N** O P Qu R S T U V W X Y Z

A
B
C
D
E
F
G
H
I
J
K
L
M
N
O
P
Qu
R
S
T
U
V
W
X
Y
Z

Nach|na|me, der
(Familienname)
die Nach|na|men
Mein Nachname ist
Müller.
Nach|richt, die
die Nach|rich|ten
nach|schla|gen
er schlägt nach,
er schlug nach,
er hat nach|ge|schla|gen
im Wörterbuch nach-
schlagen
nächs|te/Nächs|te →
Nacht/nachts →
die Nacht, die Näch|te
nachts
nächt|lich
Na|cken, der
die Na|cken
nackt
Na|del, die
die Na|deln
der Na|del|baum
na|deln, er na|delt
Na|gel, der
die Nä|gel
na|geln, sie na|gelt

na|gen
es nagt
das Na|ge|tier
nah (*auch:* na|he)
nä|her, am nächs|ten
die Nä|he
nä|hen
er näht
die Naht
die Näh|ma|schi|ne
nahm → nehmen
näh|ren
sie nährt
Die Löwin nährt
ihre Jungen.
er|näh|ren

→ **nächste/Nächste**

Kleinschreibung
das nächste Mal
nächstes Mal
der nächste Tag
die nächste Zeit

Großschreibung
Wer ist der Nächste?
die Nächste

Nah|rung, die
  die Nah|rungs|mit|tel
  nahr|haft
Na|me, der
  die Na|men
  der Na|mens|tag
näm|lich
nann|te → nennen
Napf, der
  die Näp|fe
Nar|be, die
  die Nar|ben
Nar|ko|se, die
  (Betäubung)
  die Nar|ko|sen

→ **Nacht/nachts**

Großschreibung
zur Nacht
eines Nachts
heute Nacht
Es wird Nacht.
gute Nacht

Kleinschreibung
nachts
dienstagnachts

na|schen
  er nascht
Na|se, die
  die Na|sen
Nas|horn, das
  die Nas|hör|ner
nass
  nas|ser (*auch:* näs|ser),
  am nas|ses|ten
  (*auch:* am näs|ses|ten)
  die Näs|se
Na|tur, die
  der Na|tur|schutz
  na|tür|lich, na|tür|li|cher,
  am na|tür|lichs|ten
Ne|an|der|ta|ler, der
  die Ne|an|der|ta|ler
Ne|bel, der
  die Ne|bel
  neb|lig
ne|ben
  ne|ben|an, ne|ben|bei
ne|ben|ein|an|der
  (*auch:* ne|ben|ei|nan|der)
  Sie sitzen nebeneinander.
ne|cken
  sie neckt
  Sie neckt ihn.

A
B
C
D
E
F
G
H
I
J
K
L
M
N
O
P
Qu
R
S
T
U
V
W
X
Y
Z

Nef|fe, der
  die Nef|fen
neh|men
  sie nimmt, sie nahm,
  sie hat ge|nom|men
nei|disch,
  nei|di|scher,
  am nei|dischs|ten
  der Neid
nei|gen
  sie neigt
  Sie neigt ihren Kopf.
  die Nei|gung
nein
  Nein sagen
Nel|ke, die
  die Nel|ken
nen|nen
  er nennt, er nann|te,
  er hat ge|nannt
  Er nennt den Namen.
Nerv, der
  die Ner|ven
  ner|vös
  ner|ven, sie nervt
Nes|sel, die
  die Nes|seln
  die Brenn|nes|sel

Nest, das
  die Nes|ter
nett
  net|ter, am net|tes|ten
Netz, das
  die Net|ze
  das Netz|werk
neu
  neu|er, am neus|ten
  (*auch:* am neu|es|ten)
  das Neue
  die Neu|heit
neu|gie|rig
  neu|gie|ri|ger,
  am neu|gie|rigs|ten
  die Neu|gier
neun/Neun →
  neun|zehn, neun|zig,
  neun|hun|dert
nicht
  Nicht wahr?
Nich|te, die
  die Nich|ten
nichts
  gar nichts
ni|cken
  sie nickt
nie

nie|der
Nie|der|schlag, der
  die Nie|der|schlä|ge
nied|lich
  nied|li|cher,
  am nied|lichs|ten
nied|rig
  nied|ri|ger,
  am nied|rigs|ten

→ **neun/Neun**

Kleinschreibung
neun Jahre alt sein
neun mal zwei
Es ist halb neun.
neuntens

Großschreibung
die Zahl Neun
eine Neun
Er wurde Neunter.

Mit Zahl oder ausgeschrieben
neunjährig – 9-jährig
neunmal – 9-mal
am neunten *oder* 9. Mai

---

nie|mals
nie|mand
  nie|man|den
Nie|re, die
  die Nie|ren
nie|sen
  sie niest
Nie|te, die
  die Nie|ten
Ni|ko|laus, der
  die Ni|ko|läu|se
  der Ni|ko|laus|abend
Nil|pferd, das
  die Nil|pfer|de
nimmt → nehmen
nip|pen
  (vorsichtig trinken)
  er nippt
nir|gends
nis|ten
  er nis|tet
  Der Vogel nistet.
  der Nist|kas|ten
Ni|xe, die
  die Ni|xen
noch
  noch ein|mal
  noch|mals

A
B
C
D
E
F
G
H
I
J
K
L
M
N
O
P
Qu
Q
R
S
T
U
V
W
X
Y
Z

No|men, das
  die No|men
Nord|ame|ri|ka
Nor|den, der
  nörd|lich,
  nörd|li|cher,
  am nörd|lichs|ten
nör|geln
  er nör|gelt
nor|mal
Not, die
  die Nö|te
  der Not|ruf
No|te, die
  die No|ten
  Sie hat in Sport
  eine gute Note.
Note|book, das
  (tragbarer Computer)
  die Note|books
no|tie|ren
  sie no|tiert
  Sie notiert etwas.
nö|tig
  nö|ti|ger, am nö|tigs|ten
No|tiz, die
  die No|ti|zen
No|vem|ber, der

Nu (kurze Zeitspanne)
  im Nu
nüch|tern
Nu|ckel, der
  die Nu|ckel
  nu|ckeln, er nu|ckelt
Nu|del, die
  die Nu|deln
null
  Sie hat null Fehler.
  die Null
Num|mer, die
  die Num|mern
  num|me|rie|ren
nun (jetzt)
  Was machen wir nun?
nur
  Was hat er nur?
Nuss, die
  die Nüs|se
Nüs|ter, die
  (Nasenloch beim Pferd)
  die Nüs|tern
nut|zen (*auch:* nüt|zen)
  es nutzt
  der Nut|zen
  die Nütz|lich|keit
  nütz|lich

A B C D E F G H I J K L M **N** O P Qu R S T U V W X Y Z

O/o

o

O ja!, O weh!

Oh!, Oh, das ist ja fies!

Oa|se, die

die Oa|sen

ob

Ob das wohl reicht?

Ob|acht, die

Obacht geben

oben

ober|fläch|lich

die Ober|flä|che

Ober|schen|kel, der

die Ober|schen|kel

Ob|jekt, das

(Satzergänzung)

die Ob|jek|te

Obst, das

der Obst|baum

ob|wohl

Obwohl ich mich beeilt

habe, bin ich nicht

fertig geworden.

Och|se, der

die Och|sen

ocker

Der Sand hat

eine ocker Farbe.

öde (langweilig)

ein öder Tag

oder

Ofen, der

die Öfen

of|fen

die Of|fen|heit

öf|fent|lich

die Öf|fent|lich|keit

off|line (nicht mit dem

Internet verbunden)

öff|nen

er öff|net

Er öffnet verschlafen

seine Augen.

die Öff|nung

oft

öf|ter, am öf|tes|ten

oh|ne

Ohn|macht, die

die Ohn|mach|ten

ohn|mäch|tig

Ohr, das

die Oh|ren

das Ohr|läpp|chen

179

okay (richtig, in Ordnung)
Ok|to|ber, der
Öl, das
  die Öle
Oli|ve, die
  die Oli|ven
Olym|pi|a|de, die
  die Olym|pi|a|den
  die Olym|pi|schen Spie|le
Oma, die
  die Omas
Ome|lett, das
  die Ome|let|te
  (*auch:* die Ome|letts)
Om|ni|bus, der
  die Om|ni|bus|se
On|kel, der
  die On|kel
on|line (mit dem Internet
  verbunden)
Opa, der
  die Opas
Oper, die
  die Opern
  das Opern|haus
Ope|ra|ti|on, die
  die Ope|ra|ti|o|nen
  ope|rie|ren, er ope|riert

Op|fer, das
  die Op|fer
  op|fern, sie op|fert
op|ti|mis|tisch
  op|ti|mis|ti|scher,
  am op|ti|mis|tischs|ten
oran|ge
  Sie hat ein orange
  (auch: *oranges*) *T-Shirt.*
Oran|ge, die
  die Oran|gen
  der Oran|gen|saft
Or|ches|ter, das
  die Or|ches|ter
  Sie spielt im Orchester.
or|dent|lich
  or|dent|li|cher,
  am or|dent|lichs|ten
ord|nen
  sie ord|net
  der Ord|ner
Ord|nung, die
  die Ord|nun|gen
Or|gel, die
  die Or|geln
Ori|gi|nal, das
  die Ori|gi|na|le
  ori|gi|nell

A
B
C
D
E
F
G
H
I
J
K
L
M
N
O
P
Qu
Q
R
S
T
U
V
W
X
Y
Z

Or|kan, der
  die Or|ka|ne
Ort, der
  die Or|te
Orts|an|ga|be, die
  die Orts|an|ga|ben
Os|ten, der
  öst|lich, öst|li|cher,
  am öst|lichs|ten
Os|tern, das
  das Os|ter|ei
  das Os|ter|fest
  ös|ter|lich
Ös|ter|reich
  ös|ter|rei|chisch
  die Ös|ter|rei|cher
out (unmodern)
  Das ist out.
oval
  die ovale Form
  ein großes Oval
Ove|rall, der
  (*auch:* Over|all)
  die Ove|ralls
Oze|an, der
  die Oze|a|ne
Ozon, das *oder* der
  das Ozon|loch

P/p

paar
  ein paar Leute (einige,
  mehr als zwei)
Paar, das
  die Paa|re
  ein Paar Socken (zwei)
  ein Pär|chen
Päck|chen, das
  die Päck|chen
pa|cken
  er packt
pad|deln
  sie pad|delt
Pa|ge, der
  (junger Hoteldiener)
  die Pa|gen
Pa|ket, das
  die Pa|ke|te
Pam|pel|mu|se, die
  die Pam|pel|mu|sen
Pan|da, der
  die Pan|das
Pa|nik, die
  (große Angst)
  die Pa|ni|ken

Pan|ne, die
 die Pan|nen
Pan|ter, der
 die Pan|ter
 = Panther
Pan|ther, der
 die Pan|ther
 = Panter
Pan|tof|fel, der
 die Pan|tof|feln
Pan|to|mi|me, die
 die Pan|to|mi|men
 der Pan|to|mi|me,
 die Pan|to|mi|min
Pa|pa, der
 die Pa|pas
Pa|pa|gei, der
 die Pa|pa|gei|en
Pa|pier, das
 die Pa|pie|re
Pap|pe, die
 die Pap|pen
Pa|pri|ka, der *oder* die
 (Frucht; *auch:* Pap|ri|ka)
 die Pa|pri|kas
Pa|pri|ka, der
 (Gewürz; *auch:* Pap|ri|ka)
 die Pa|pri|kas

Pa|ra|dies, das
 die Pa|ra|die|se
Park, der
 die Parks
par|ken
 sie parkt
Park|platz, der
 die Park|plät|ze
Part|ner, der
 die Part|ner,
 die Part|ne|rin
 das Part|ner|dik|tat
Par|ty, die
 die Par|tys
Pass, der
 die Päs|se
pas|sen
 er passt
 Er passt den Ball zu mir.
 Die Hose passt mir nicht.
pas|sie|ren
 es pas|siert
 Da ist etwas passiert.
Pass|wort, das
 die Pass|wör|ter
Pa|te, der
 die Pa|ten, die Pa|tin
 das Pa|ten|kind

Pa|ti|ent, der
  die Pa|ti|en|ten,
  die Pa|ti|en|tin
Pat|zer, der
  die Pat|zer
  pat|zen, sie patzt
pau|ken
  er paukt
  die Pau|ke
Pau|se, die
  die Pau|sen
  pau|sen|los
PC, der (*kurz für:*
  Personalcomputer)
  die PCs
Pech, das
  Er hatte Pech im Spiel.
  pech|schwarz
  der Pech|vo|gel
Pe|dal, das
  die Pe|da|le
pein|lich
  pein|li|cher,
  am pein|lichs|ten
Pelz, der
  die Pel|ze
Per|le, die
  die Per|len

Per|son, die
  die Per|so|nen
  per|sön|lich
Per|so|nal|form, die
  die Per|so|nal|for|men
Per|so|nal|pro|no|men, das
  die Per|so|nal|pro|no|men
Pe|ter|si|lie, die
  die Pe|ter|si|li|en
pet|zen
  sie petzt
Pfad, der
  die Pfa|de
  die Pfad|fin|der
Pfand, das
  die Pfän|der
  die Pfand|fla|sche
Pfan|ne, die
  die Pfan|nen
  der Pfann|ku|chen
Pfef|fer, der
Pfef|fer|min|ze, die
pfei|fen
  sie pfeift, sie pfiff,
  sie hat ge|pfif|fen
  die Pfei|fe, der Pfiff
Pfeil, der
  die Pfei|le

Pferd, das
die Pfer|de
Pfiff, der
die Pfif|fe
pfif|fig (schlau)
pfif|fi|ger,
am pfif|figs|ten
Pfings|ten, das
die Pfings|ten
das Pfingst|fest
Pfir|sich, der
die Pfir|si|che
Pflan|ze, die
die Pflan|zen
das Pflänz|chen
pflan|zen
sie pflanzt
Sie pflanzt einen Baum.
Pflas|ter, das
die Pflas|ter
Pflau|me, die
die Pflau|men
Pfle|ge, die
der Pfle|ger,
die Pfle|ge|rin
pfle|gen, er pflegt
Pflicht, die
die Pflich|ten

pflü|cken
sie pflückt
Pflug, der
die Pflü|ge
pflü|gen, er pflügt
Pfos|ten, der
die Pfos|ten
Pfo|te, die
die Pfo|ten
das Pföt|chen
pfui
Pfui, das ist eklig!
Pfund, das
die Pfun|de
Pfüt|ze, die
die Pfüt|zen
Phan|ta|sie, die
die Phan|ta|si|en
= Fantasie
Pi|ckel, der
die Pi|ckel
pick|lig
pi|cken
er pickt
Pick|nick, das
die Pick|nicks
(*auch:* die Pick|ni|cke)
pick|ni|cken

184

pie|pen
  er piept
  Der Vogel piept.
piep|sen
  es piepst
pik|sen (stechen)
  sie pikst
  Die Mücke pikst.
Pik|to|gramm, das
  die Pik|to|gram|me
Pil|le, die
  die Pil|len
Pi|lot, der
  die Pi|lo|ten,
  die Pi|lo|tin
Pilz, der
  die Pil|ze
pink
  Sie hat ein pink
  (auch: *pinkes*) *T-Shirt.*
Pinn|wand, die
  die Pinn|wän|de
Pin|sel, der
  die Pin|sel
Pin|zet|te, die
  die Pin|zet|ten
Pi|rat, der
  die Pi|ra|ten

Piz|za, die
  die Piz|zen
  (*auch:* die Piz|zas)
  die Piz|ze|ria
Pkw, der (*auch:* PKW;
  kurz für: Personen-
  kraftwagen)
  die Pkws
Pla|kat, das
  die Pla|ka|te
Plan, der
  die Plä|ne
  pla|nen, er plant
Pla|ne, die
  die Pla|nen
  die Zelt|pla|ne
Pla|net, der
  die Pla|ne|ten
plan|schen
  er planscht
  Er planscht im Wasser.
plap|pern
  Sie plappert alles nach.
plär|ren
  er plärrt
  das Ge|plär|re
Plas|tik, das
  (Kunststoff)

A
B
C
D
E
F
G
H
I
J
K
L
M
N
O
P
Qu
R
S
T
U
V
W
X
Y
Z

plät|schern
  es plät|schert
platt
  plat|ter, am plat|tes|ten
Plat|te, die
  die Plat|ten
Platz, der
  die Plät|ze
Plätz|chen, das
  die Plätz|chen
plat|zen
  es platzt
  die Platz|wun|de
plötz|lich
plump|sen
  sie plumpst
Plu|ral, der
  die Plu|ra|le
  (Mehrzahl)
plus (mehr)
  das Plus|zei|chen
po|chen
  es pocht
  Es pocht an der Tür.
Pol, der
  die Po|le
Po|len
  pol|nisch, die Po|len

Po|li|zei, die
Po|li|zist, der
  die Po|li|zis|ten,
  die Po|li|zis|tin
Pom|mes, die
  (*kurz für:* Pommes frites)
Po|ny, das
  die Po|nys
  Sie reitet auf dem Pony.
Pop, der
  die Pop|mu|sik
Pop|corn, das
Po|po, der
  die Po|pos
Porte|mon|naie, das
  die Porte|mon|naies
  = Portmonee
Por|ti|on, die
  die Por|ti|o|nen
  eine Portion Eis essen
Port|mo|nee, das
  die Port|mo|nees
  = Portemonnaie
Por|to, das
  die Por|tos
  (*auch:* die Por|ti)
Por|zel|lan, das
  die Por|zel|la|ne

Post, die
  das Post|amt
  der Post|bo|te,
  die Post|bo|tin
Pos|ter, das *oder* der
  die Pos|ter
Pracht, die
präch|tig
  präch|ti|ger,
  am präch|tigs|ten
  pracht|voll
Prä|di|kat, das
  (Satzaussage)
  die Prä|di|ka|te
prah|len (angeben)
  sie prahlt
prak|tisch
  prak|ti|scher,
  am prak|tischs|ten
Pra|li|ne, die
  die Pra|li|nen
Prä|rie, die
  die Prä|ri|en
Prä|sens, das
  (Gegenwartsform)
pras|seln
  es pras|selt
  Das Feuer prasselt.

Pra|xis, die
  die Pra|xen
Preis, der
  die Prei|se
  preis|wert,
  preis|wer|ter,
  am preis|wer|tes|ten
Pres|se, die
  die Pres|sen
  pres|sen, er presst
pri|ma (sehr gut)
  Das ist prima.
Prinz, der
  die Prin|zen,
  die Prin|zes|sin
pri|vat
Pro|be, die
  die Pro|ben
  pro|ben, er probt
  pro|be|wei|se
pro|bie|ren
  sie pro|biert
  Sie probiert etwas.
Pro|blem, das
  (*auch:* Prob|lem)
  die Pro|ble|me
Pro|dukt, das
  die Pro|duk|te

A
B
C
D
E
F
G
H
I
J
K
L
M
N
O
P
Qu
R
S
T
U
V
W
X
Y
Z

A
B
C
D
E
F
G
H
I
J
K
L
M
N
O
P
Qu
Q
R
S
T
U
V
W
X
Y
Z

Pro|gramm, das
die Pro|gram|me
Pro|jekt, das
die Pro|jek|te
Pro|no|men, das
die Pro|no|men
Pro|pel|ler, der
die Pro|pel|ler
Pros|pekt, der
(*auch:* Pro|spekt)
die Pros|pek|te
pro|tes|tie|ren
er pro|tes|tiert
Pro|to|koll, das
die Pro|to|kol|le
pro|to|kol|lie|ren,
sie pro|to|kol|liert
prot|zen (angeben)
er protzt
*Er protzt mit seiner
sehr guten Note.*
Pro|zent, das
die Pro|zen|te
prü|fen
er prüft
der Prüf|ling
Prü|fung, die
die Prü|fun|gen

prü|geln
sie prü|gelt
die Prü|gel
Pud|ding, der
die Pud|din|ge
(*auch:* die Pud|dings)
Pu|del, der
die Pu|del
die Pu|del|müt|ze
Puf|fer, der
die Puf|fer
Pul|li, der
die Pul|lis
Pul|lo|ver, der
(*auch:* Pull|o|ver)
die Pul|lo|ver
Puls, der
die Pul|se
der Puls|schlag
Pult, das
die Pul|te
Pul|ver, das
die Pul|ver
Punkt, der
die Punk|te
pünkt|lich
Pu|pil|le, die
die Pu|pil|len

Pup|pe, die
die Pup|pen
das Pup|pen|spiel
Pü|ree, das
die Pü|rees
pü|rie|ren, sie pü|riert
pur|zeln
er pur|zelt
der Pur|zel|baum
Pus|te|blu|me, die
die Pus|te|blu|men
pus|ten
sie pustet
put|zen
er putzt
put|zig (lustig)
put|zi|ger,
am put|zigs|ten
Du siehst putzig aus.
Puz|zle, das
puz|zeln, er puz|zelt
Py|ja|ma, der
(Schlafanzug)
die Py|ja|mas
Py|ra|mi|de, die
die Py|ra|mi|den

Qu/qu

Qua|drat, das
(*auch:* Quad|rat)
die Qua|dra|te
qua|dra|tisch
qua|ken
er quakt
Der Frosch quakt.
das Ge|qua|ke
Qual, die
die Qua|len
quä|len, sich
sie quält sich
Qual|le, die
die Qual|len
qual|men
es qualmt
der Qualm
Quark, der
Quar|tett, das
die Quar|tet|te
quas|seln
(dazwischenreden)
er quas|selt
Quatsch, der
quat|schen, er quatscht

A
B
C
D
E
F
G
H
I
J
K
L
M
N
O
P
Qu
R
S
T
U
V
W
X
Y
Z

189

A B C D E F G H I J K L M N O P **Qu** **R** S T U V W X Y Z

Quel|le, die
  die Quel|len
  das Quell|was|ser
quen|geln (nörgeln)
  er quengelt
  Er quengelt immer.
quer
  Er fährt kreuz und quer.
  quer ge|streift
quet|schen
  sie quetscht
  Sie hat sich die Finger
  gequetscht.
quie|ken
  er quiekt
  Das Schwein quiekt.
  das Ge|quie|ke
quiet|schen
  es quietscht
Quirl, der
  die Quir|le
quitt (ausgeglichen)
  Jetzt sind wir quitt.
Quiz, das
  die Quiz
  (*auch:* die Quiz|ze)
  die Quiz|fra|ge

R/r

Ra|be, der
  die Ra|ben
  ra|ben|schwarz
Ra|che, die
  sich rä|chen
Ra|chen, der
  die Ra|chen
Rad, das
  die Rä|der
  Rad fah|ren,
  er fährt Rad
  ra|deln, sie ra|delt
  beim Rad|fah|ren
Ra|dar, der *oder* das
  die Ra|da|re
  die Ra|dar|fal|le
Rad|fah|rer, der
  die Rad|fah|rer,
  die Rad|fah|re|rin
ra|die|ren
  er ra|diert
Ra|dier|gum|mi, der
  die Ra|dier|gum|mis
Ra|dies|chen, das
  die Ra|dies|chen

Ra|dio, das
die Ra|di|os
raf|fi|niert
(schlau, durchtrieben)
raf|fi|nier|ter,
am raf|fi|nier|tes|ten
Rah|men, der
die Rah|men
ein|rah|men
Ra|ke|te, die
die Ra|ke|ten
Ral|lye, die
die Ral|lyes
ram|men
er rammt
ran (heran)
Komm näher ran.
Rand, der
die Rän|der
rang → ringen
rann|te → rennen
Ran|zen, der
die Ran|zen
Rap, der
die Raps
Wir singen einen Rap.
rasch
ra|scher, am ra|sches|ten

ra|scheln
es ra|schelt
ra|sen
sie rast
die Ra|se|rei
Ra|sen, der
die Ra|sen
der Ra|sen|mä|her
Ras|sel, die
die Ras|seln
ras|seln, es ras|selt
ras|ten
er ras|tet
die Rast
Sie machen Rast.
Rat, der
*Sie gibt ihm einen
guten Rat.*
ra|ten
sie rät, sie riet,
sie hat ge|ra|ten
Rät|sel, das
die Rät|sel
rät|sel|haft
Rat|te, die
die Rat|ten
rat|tern
es rat|tert

A B C D E F G H I J K L M N O P Qu **R** S T U V W X Y Z

rau
  rau|er, am raus|ten
  (*auch:* am rau|es|ten)
rau|ben
  sie raubt
  Sie raubt das Gold.
  der Räu|ber
  das Raub|tier
rau|chen
  es raucht
  der Rauch
rauf (herauf)
  rauf|kom|men,
  er kommt rauf
rau|fen
  sie rauft
  Sie rauft sich mit ihm.
Raum, der
  die Räu|me
  die Raum|fäh|re
räu|men
  er räumt
  Er räumt sein Zimmer auf.
Rau|pe, die
  die Rau|pen
raus (heraus)
  raus|kom|men,
  sie kommt raus

rau|schen
  es rauscht
  Der Wind rauscht.
rech|nen
  sie rech|net
  die Rech|nung
recht/Recht →
rechts
  sich rechts halten
  von links nach rechts
Recht|schrei|bung, die
Re|cor|der, der
  die Re|cor|der
  = Rekorder
Re|cy|cling, das
  (*auch:* Re|cyc|ling)
  re|cy|celn, er re|cy|celt
Re|de|be|gleit|satz, der
  die Re|de|be|gleit|sät|ze
re|den
  er re|det
  die Re|de
  der Red|ner,
  die Red|ne|rin
Re|flek|tor, der
  die Re|flek|to|ren
Re|gal, das
  die Re|ga|le

Re|gel, die
die Re|geln
Re|gen, der
der Re|gen|bo|gen
der Re|gen|man|tel
Re|gen|wurm, der
die Re|gen|wür|mer
reg|nen
es reg|net
reg|ne|risch
Reh, das
die Re|he
rei|ben
sie reibt, sie rieb,
sie hat ge|rie|ben

→ **recht/Recht**

Kleinschreibung
Das geschieht ihm recht.
jetzt erst recht
So ist es recht.
ein rechter Winkel

Großschreibung
mein gutes Recht
sein Recht bekommen
im Recht sein

reich
rei|cher, am reichs|ten
reich|lich (viel)
Es gibt reichlich zu tun.
rei|chen
er reicht
Er reicht ihr die Hand.
reif
rei|fer, am reifs|ten
reifes Obst
Rei|fen, der
die Rei|fen
Rei|he, die
die Rei|hen
Reim, der
die Rei|me
rei|men, sie reimt
Das Gedicht reimt sich.
rein (sauber)
rei|ner, am reins|ten
rei|ni|gen, er rei|nigt
rein|lich
rein (herein)
rein|kom|men,
er kommt rein
Reis, der
Rei|se, die
die Rei|sen

A
B
C
D
E
F
G
H
I
J
K
L
M
N
O
P
Qu
R
S
T
U
V
W
X
Y
Z

rei|sen
  sie reist
  Sie reist zu ihrer Oma.
rei|ßen
  sie reißt, sie riss,
  sie hat ge|ris|sen
  ent|rei|ßen
Reiß|ver|schluss, der
  die Reiß|ver|schlüs|se
rei|ten
  er rei|tet, er ritt,
  er ist ge|rit|ten
  der Rei|ter
  die Rei|te|rin
Reiz, der
  die Rei|ze
  rei|zen, er reizt
  Es reizt mich.
  rei|zend
Re|kla|me, die
Re|kord, der
  die Re|kor|de
Re|kor|der, der
  die Re|kor|der
  = Recorder
Rek|tor, der
  die Rek|to|ren,
  die Rek|to|rin

Re|li|gi|on, die
  die Re|li|gi|o|nen
  re|li|gi|ös
rem|peln (stoßen)
  er rem|pelt
  Er rempelt mich.
ren|nen
  sie rennt, sie rann|te,
  sie ist ge|rannt
  das Ren|nen
re|pa|rie|ren
  er re|pa|riert
  Er repariert sein Fahrrad.
  die Re|pa|ra|tur
Re|por|ter, der
  die Re|por|ter
Res|pekt, der (Achtung;
  auch: Re|spekt)
res|pek|tie|ren (achten;
  auch: re|spek|tie|ren)
  sie res|pek|tiert
  Sie respektiert ihn.
Rest, der
  die Res|te
  rest|los
Res|tau|rant, das
  (*auch:* Re|stau|rant)
  die Res|tau|rants

ret|ten
  er ret|tet
  der Ret|ter,
  die Ret|te|rin
  die Ret|tung
Ret|tich, der
  die Ret|ti|che
Reue, die
  be|reu|en
  reu|mü|tig
Re|zept, das
  die Re|zep|te
Rha|bar|ber, der
  der Rha|bar|ber|ku|chen
Rhyth|mus, der
  die Rhyth|men
  rhyth|misch
rich|ten
  sie rich|tet
  Sie richtet die Augen
  auf die Straße.
  der Rich|ter,
  die Rich|te|rin
rich|tig
  Wörter richtig schreiben
Rich|tung, die
  die Rich|tun|gen
rieb → reiben

rie|chen
  es riecht, es roch,
  es hat ge|ro|chen
rief → rufen
Rie|gel, der
  die Rie|gel
  der Scho|ko|rie|gel
Rie|men, der
  die Rie|men
Rie|se, der
  die Rie|sen
  rie|sig, rie|si|ger,
  am rie|sigs|ten
  rie|sen|groß
riet → raten
Rind, das
  die Rin|der
Rin|de, die
  die Rin|den
Ring, der
  die Rin|ge
rin|gen
  sie ringt, sie rang,
  sie hat ge|run|gen
rings|he|rum
  (*auch:* rings|her|um)
Rin|ne, die
  die Rin|nen

A B C D E F G H I J K L M N O P Qu **R** S T U V W X Y Z

rin|nen
es rinnt, es rann,
es ist ge|ron|nen
Rip|pe, die
die Rip|pen
riss → reißen
Riss, der
die Ris|se
ris|sig
ritt → reiten
Ritt, der
die Rit|te
Rit|ter, der
die Rit|ter, rit|ter|lich
Rob|be, die
die Rob|ben
Ro|bo|ter, der
die Ro|bo|ter
roch → riechen
Rock, der
die Rö|cke
Rock|mu|sik, die
ro|deln
sie ro|delt
Rog|gen, der
roh
ro|her, am rohs|ten
(*auch:* am ro|hes|ten)

Rohr, das
die Roh|re
Rol|le, die
die Rol|len
rol|len
er rollt
der Ball rollt
Rol|ler, der
die Rol|ler
der Roll|stuhl
Rol|lo, das
die Rol|los
ro|sa
Sie hat einen rosa Pulli.
das Rosa des Pullis
ro|sa|rot
Ro|se, die
die Ro|sen
ro|sig
Ro|si|ne, die
die Ro|si|nen
Rost, der
ros|ten, es ros|tet
ros|tig
rot/Rot →
mein roter Pulli
Rou|la|de, die
die Rou|la|den

Rü|be, die
die Rü|ben

rü|ber (herüber)
Komm doch mal rüber!

rü|cken
er rückt
Er rückt zur Seite.

Rü|cken, der
die Rü|cken

Ruck|sack, der
die Ruck|sä|cke

→ **rot/Rot**

Kleinschreibung
Mein Pulli ist rot.
mein roter Pulli
rot gestreift
(*auch:* rotgestreift)
dunkelrot, hellrot
feuerrot
etwas rot anmalen

Großschreibung
die Farbe Rot
das Rot des Feuers
ein feuriges Rot
Die Ampel steht auf Rot.

Rück|sicht, die
die Rück|sich|ten
rück|sichts|voll

rück|wärts
rück|wärts|ge|hen,
sie geht rück|wärts

Ru|del, das
die Ru|del

Ru|der, das
die Ru|der
das Ru|der|boot
ru|dern, sie ru|dert

ru|fen
er ruft, er rief,
er hat ge|ru|fen

Ru|he, die
ru|hen, sie ruht
ru|hig, ru|hi|ger,
am ru|higs|ten

rüh|ren
er rührt
das Rühr|ei

rum (herum)
*Er stochert in seinem
Essen rum.*

Rum|mel, der

Rumpf, der
die Rümp|fe

A
B
C
D
E
F
G
H
I
J
K
L
M
N
O
P
Qu
R
S
T
U
V
W
X
Y
Z

rund
rund um das Haus
die Run|de
rund|lich
run|ter (herunter)
rup|pig
rup|pi|ger,
am rup|pigs|ten
Rü|sche, die
die Rü|schen
Ihre Bluse hat Rüschen.
Ruß, der
ru|ßig
Rüs|sel, der
die Rüs|sel
Russ|land
rus|sisch, die Rus|sen
Rüs|tung, die
die Rüs|tun|gen
Ru|te, die
die Ru|ten
rut|schen
sie rutscht
die Rut|sche
rut|schig, rut|schi|ger,
am rut|schigs|ten
rüt|teln
er rüt|telt

S/s

Saal, der
die Sä|le
Saat, die
die Saa|ten
Sa|che, die
die Sa|chen
das Sach|buch
Sack, der
die Sä|cke
sä|en
er sät
Saft, der
die Säf|te
der Ap|fel|saft
saf|tig
Sä|ge, die
die Sä|gen
sä|gen, sie sägt
sa|gen
sie sagt
die Sa|ge
sa|gen|haft
sah → sehen
Sah|ne, die
sah|nig

Sai|te, die
die Sai|ten
aber: *die Seite eines*
Buches
die Gi|tar|ren|sai|te
Sa|la|mi, die
die Sa|la|mi
(*auch:* die Sa|la|mis)
Sa|lat, der
die Sa|la|te
Sal|be, die
die Sal|ben
Sal|to, der
die Sal|tos
(*auch:* die Sal|ti)
Salz, das
die Sal|ze
sal|zig, sal|zi|ger,
am sal|zigs|ten
Sa|men, der
die Sa|men
das Sa|men|korn
sam|meln
er sam|melt
die Samm|lung
Sams|tag/sams|tags →
der Sams|tag,
die Sams|ta|ge

sämt|lich
sämtliche (alle) Kinder
Sand, der
san|dig, san|di|ger,
am san|digs|ten
der Sand|kas|ten
die Sand|bank
San|da|le, die
die San|da|len
sand|te → senden
sanft
sanf|ter,
am sanf|tes|ten
mit sanfter (leiser)
Stimme
be|sänf|ti|gen

→ **Samstag/samstags**

Großschreibung
der Samstag
am Samstag
jeden Samstag
der Samstagmittag

Kleinschreibung
samstags
samstagmittags

A B C D E F G H I J K L M N O P Qu R **S** T U V W X Y Z

sang → singen
Sän|ger, der
  die Sän|ger,
  die Sän|ge|rin
sank → sinken
Sankt Mar|tin
saß → sitzen
Sa|tel|lit, der
  die Sa|tel|li|ten
satt
  Er isst sich satt.
Sat|tel, der
  die Sät|tel
  sat|teln, sie sat|telt
  Sie sattelt ihr Pferd.
Satz, der
  die Sät|ze
  die Satz|zei|chen
Satz|art, die
  die Satz|ar|ten
Satz|er|gän|zung, die
  die Satz|er|gän|zun|gen
Satz|glied, das
  die Satz|glie|der
Sau, die
  die Säue
  (*auch:* die Sau|en)
  sau|mä|ßig

sau|ber
  sau|be|rer,
  am sau|bers|ten
  sau|ber ma|chen
  die Sau|ber|keit
  säu|ber|lich
Sau|ce, die
  die Sau|cen
  = Soße
sau|er
  sau|rer, am sau|ers|ten
  Sie ist sauer (böse,
  beleidigt).
  der Sau|er|stoff
  säu|er|lich
sau|fen
  er säuft, er soff,
  er hat ge|sof|fen
  Das Pferd säuft.
sau|gen
  es saugt
  der Säug|ling
  das Säu|ge|tier
Säu|le, die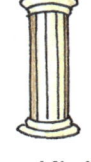
  die Säu|len
Saum, der
  die Säu|me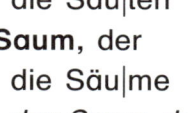
  der Saum des Kleides

200

Sau|ri|er, der
  die Sau|ri|er
  der Di|no|sau|ri|er
sau|sen
  er saust
S-Bahn, die
  die S-Bah|nen
  (*kurz für:* Schnell|bahn)
Scan|ner, der
  die Scan|ner
  scan|nen, er scannt
  ein|scan|nen

Sch/sch

scha|ben
  er schabt
  der Scha|ber
schä|big (alt, kaputt)
  schä|bi|ger,
  am schä|bigs|ten
  die schäbige Hose
Schach|tel, die
  die Schach|teln
scha|de
  *Es ist schade, dass du
  nicht kommst.*

Scha|den, der
  die Schä|den
  der Schad|stoff
  scha|den, es scha|det
schäd|lich
  schäd|li|cher,
  am schäd|lichs|ten
Schaf, das
  die Scha|fe
  das Schäf|chen
  der Schä|fer
  der Schä|fer|hund
schaf|fen
  er schafft
  Er hat es geschafft.
Schal, der
  die Schals
Scha|le, die
  die Scha|len
schä|len
  sie schält
  Sie schält Orangen.
Schall, der
  die Schal|le
  (*auch:* die Schäl|le)
  schal|len, es schallt
  *Sie lachte schallend
  (laut).*

A B C D E F G H I J K L M N O P Qu R S T U V W X Y Z

Schal|ter, der
 die Schal|ter
 die Schal|tung
 schal|ten, sie schal|tet
schä|men, sich
 er schämt sich
Schar, die (Gruppe)
 die Scha|ren
 eine Schar Kinder
scharf
 schär|fer,
 am schärfs|ten
 die Schär|fe
schar|ren
 er scharrt
 Das Huhn scharrt.
Schasch|lik, das
 (Fleischspieß)
 die Schasch|liks
Schat|ten, der
 die Schat|ten
 das Schat|ten|spiel
 schat|tig
Schatz, der
 die Schät|ze
 schät|zen, er schätzt
Schau|bild, das
 die Schau|bil|der

schau|en
 sie schaut
 das Schau|fens|ter
 der Schau|spie|ler,
 die Schau|spie|le|rin
Schau|er, der
 die Schau|er
 der Re|gen|schau|er
 schau|er|lich
 schau|rig
Schau|fel, die
 die Schau|feln
 schau|feln, er schau|felt
Schau|kel, die
 die Schau|keln
 schau|keln,
 sie schau|kelt
Schaum, der
 die Schäu|me
 schäu|men, es schäumt
 schau|mig
sche|ckig (gefleckt)
 ein scheckiges Pferd
Schei|be, die
 die Schei|ben
Schei|dung, die
 die Schei|dun|gen
 schei|den, er schei|det

schei|nen
sie scheint,
sie schien,
sie hat ge|schie|nen
Die Sonne scheint
(leuchtet, strahlt).
Das Baby scheint zu
schlafen (wahrscheinlich
schläft es).
Schei|tel, der
die Schei|tel
Sche|mel, der
die Sche|mel
Schen|kel, der
die Schen|kel
der Un|ter|schen|kel
schen|ken
er schenkt
Er schenkt ihr etwas.
das Ge|schenk
Scher|be, die
die Scher|ben
Sche|re, die
die Sche|ren
Scherz, der
die Scher|ze
Das war nur ein Scherz
(nicht ernst gemeint).

scheu|chen (jagen)
sie scheucht
Sie scheuchte ihn weg.
scheu|en
er scheut
Das Pferd scheut.
scheu|ern
sie scheu|ert
Sie scheuert (putzt)
den Boden.
Die Hose scheuert
(reibt unangenehm).
Scheu|ne, die
die Scheu|nen
scheuß|lich (schrecklich)
Schi, der
die Schi
(*auch:* die Schi|er)
= Ski
Schi fah|ren
Schicht, die
die Schich|ten
schi|cken
er schickt
Er schickt sie vom Hof.
schie|ben
sie schiebt, sie schob,
sie hat ge|scho|ben

Schieds|rich|ter, der
  die Schieds|rich|ter,
  die Schieds|rich|te|rin
schief
  schie|fer, am schiefs|ten
schien → scheinen
Schie|ne, die
  die Schie|nen
  das Schien|bein
schie|βen
  sie schießt, sie schoss,
  sie hat ge|schos|sen
Schiff, das
  die Schif|fe
  die Schiff|fahrt
Schild, das
  die Schil|der
Schild|krö|te, die
  die Schild|krö|ten
Schim|mel, der
  die Schim|mel
  Das Pferd ist ein
  Schimmel.
  Auf dem Käse ist
  Schimmel.
schim|meln
  es schim|melt
  schim|me|lig

schim|mern
  es schim|mert
  der Schim|mer
schimp|fen
  sie schimpft
  das Schimpf|wort
Schin|ken, der
  die Schin|ken
Schirm, der
  die Schir|me
schlach|ten
  er schlach|tet
  der Schlach|ter
Schlä|fe, die
  die Schlä|fen
schla|fen
  sie schläft, sie schlief,
  sie hat ge|schla|fen
  der Schlaf
  schläf|rig
schlaff
  schlaf|fer,
  am schlaffs|ten
  Ich fühle mich schlaff
  (müde).
Schlag, der
  die Schlä|ge
  das Schlag|zeug

schla|gen
er schlägt, er schlug,
er hat ge|schla|gen
Schla|ger, der
die Schla|ger
die Schla|ger|sän|ge|rin
Schlamm, der
schlam|mig
schlam|pig
schlam|pi|ger,
am schlam|pigs|ten
die Schlam|pe|rei
Schlan|ge, die
die Schlan|gen
schlank
schlan|ker,
am schlanks|ten
schlapp
schlap|per,
am schlapps|ten
sich schlapp fühlen
(erschöpft sein)
die Schlap|pe
schlapp|ma|chen
schlau
schlau|er,
am schlaus|ten
(auch: am schlau|es|ten)

Schlauch, der
die Schläu|che
der Gar|ten|schlauch
schlecht
schlech|ter,
am schlech|tes|ten
Schle|cke|rei, die
die Schle|cke|rei|en
schlei|chen
sie schleicht,
sie schlich,
sie ist ge|schli|chen
Schlei|er, der
die Schlei|er
Schlei|fe, die
die Schlei|fen

schlem|men
er schlemmt
Er schlemmt gern.
schlep|pen
sie schleppt
schleu|dern
er schleu|dert
Der Wagen schleudert.
die Schleu|der
Schleu|se, die
die Schleu|sen
schlief → schlafen

205

schlie|ßen
er schließt, er schloss,
er hat ge|schlos|sen
schließ|lich
schlimm
schlim|mer,
am schlimms|ten
das Schlimms|te
schlin|gen
sie schlingt, sie schlang,
sie hat ge|schlun|gen
die Schlin|ge
Schlips, der
die Schlip|se
Schlit|ten, der
die Schlit|ten
der Schlit|ten|hund
die Schlitt|schu|he
schlit|tern, er schlit|tert
Schlitz, der
die Schlit|ze
Schloss, das
die Schlös|ser
das Mär|chen|schloss
das Tür|schloss
schloss → schließen
schluch|zen (weinen)
sie schluchzt

Schluck, der
die Schlu|cke
schlu|cken, sie schluckt
schlug → schlagen
schlüp|fen
er schlüpft
der Schlüp|fer
schlür|fen
sie schlürft
Sie schlürft heiße Suppe.
Schluss, der
die Schlüs|se
Schlüs|sel, der
die Schlüs|sel
schmal
schma|ler
(*auch:* schmä|ler),
am schmals|ten
(*auch:* am schmäls|ten)
schmat|zen
er schmatzt
der Schmatz (Kuss)
schmau|sen
sie schmaust
schme|cken
er schmeckt
Er schmeckt den Zimt.
Es schmeckt mir.

schmei|ßen
er schmeißt, er schmiss,
er hat ge|schmis|sen
schmel|zen
es schmilzt,
es schmolz,
es ist ge|schmol|zen
Das Eis schmilzt.
Schmerz, der
die Schmer|zen
schmer|zen, es schmerzt
Schmet|ter|ling, der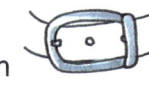
die Schmet|ter|lin|ge
schmie|den
sie schmie|det
Sie schmiedet Pläne.
schmie|ren
er schmiert
Er schmiert sein Rad.
schmin|ken
sie schminkt
Sie schminkt ihre Augen.
die Schmin|ke
Schmuck, der
schmü|cken,
er schmückt
schmun|zeln (lächeln)
sie schmun|zelt

schmu|sen
er schmust
Er schmust gern.
Schmutz, der
schmut|zig,
schmut|zi|ger,
am schmut|zigs|ten
Schna|bel, der
die Schnä|bel
Schnal|le, die
die Schnal|len
schnap|pen
sie schnappt
Die Falle schnappt zu.
schnar|chen
er schnarcht
schnat|tern
sie schnat|tert
Die Ente schnattert.
schnau|ben
er schnaubt
Das Pferd schnaubt.
Schnau|ze, die
die Schnau|zen
das Schnäuz|chen
Schne|cke, die
die Schne|cken
das Schne|cken|haus

207

A B C D E F G H I J K L M N O P Qu R **S** T U V W X Y Z

Schnee, der
  der Schnee|ball
  der Schnee|mann
  schnee|weiß
schnei|den
  sie schnei|det,
  sie schnitt,
  sie hat ge|schnit|ten
schnei|en
  es schneit
schnell
  schnel|ler,
  am schnells|ten
Schnip|sel, der *oder* das
  die Schnip|sel
Schnitt, der
  die Schnit|te
Schnit|zel, das
  die Schnit|zel
schnüf|feln
  er schnüf|felt
  Der Hund schnüffelt.
Schnup|fen, der
  die Schnup|fen
schnup|pern (riechen)
  sie schnup|pert
Schnur, die
  die Schnü|re

schnur|ren
  sie schnurrt
  der Schnurr|bart
schob → schieben
Schock, der
  die Schocks
  scho|cken, er schockt
Scho|ko|la|de, die
  die Scho|ko|la|den
schon
  Es ist schon spät.
schön
  schö|ner, am schöns|ten
  die Schön|heit
scho|nen
  sie schont
  Sie schont ihre Schuhe.
Schorn|stein, der
  die Schorn|stei|ne
  der Schorn|stein|fe|ger
Schoß, der
  die Schö|ße
schoss → schießen
schräg
  schrä|ger,
  am schrägs|ten
Schram|me, die
  die Schram|men

Schrank, der
  die Schrän|ke
Schran|ke, die
  die Schran|ken
  die Bahn|schran|ke
Schrau|be, die
  die Schrau|ben
  schrau|ben, er schraubt
Schreck, der
  die Schre|cken
schreck|lich,
  schreck|li|cher,
  am schreck|lichs|ten
schrei|ben
  er schreibt, er schrieb,
  er hat ge|schrie|ben
  der Schreib|tisch
schrei|en
  sie schreit, sie schrie,
  sie hat ge|schri|en
  der Schrei
schrei|nern
  er schrei|nert
Schrift, die
  die Schrif|ten
  schrift|lich
Schritt, der
  die Schrit|te

Schubs, der
  die Schub|se
  = Schups
schub|sen
  er schubst
  = schupsen
  Er hat mich geschubst
  (gestoßen).
schüch|tern
  schüch|ter|ner,
  am schüch|terns|ten
schuf → schaffen
schuf|ten
  sie schuf|tet
Schuh, der
  die Schu|he
Schuld/schuld →

→ **Schuld/schuld**

Großschreibung
Schuld haben
Das war meine Schuld.
die Schuldgefühle

Kleinschreibung
schuld sein
Du bist schuld daran.

Schu|le, die
die Schu|len
das Schul|buch
der Schul|bus
das Schul|jahr
die För|der|schu|le
die Haupt|schu|le
die Mit|tel|schu|le
die Re|al|schu|le
Schü|ler, der
die Schü|ler,
die Schü|le|rin,
die Schü|le|rin|nen
Schul|ter, die
die Schul|tern
schum|meln
sie schum|melt
die Schum|me|lei
Schups, der
die Schup|se
= Schubs
schup|sen
sie schupst
= schubsen
Schür|ze, die
die Schür|zen
Schuss, der
die Schüs|se

Schüs|sel, die
die Schüs|seln
schüt|teln
sie schüt|telt
Sie schüttelt ihren Kopf.
schüt|ten
er schüt|tet
aus|schüt|ten
Schutz, der
der Schutz|helm
schüt|zen
sie schützt
Sie schützt ihre neue
Jacke vor dem Regen.
schwach
schwä|cher,
am schwächs|ten
die Schwä|che
Schwal|be, die
die Schwal|ben
Schwamm, der
die Schwäm|me
Schwan, der
die Schwä|ne
schwan|ken
er schwankt
Schwanz, der
die Schwän|ze

schwän|zen
sie schwänzt
Sie schwänzt die Schule.
schwarz/Schwarz →
schwär|zer,
am schwär|zes|ten
schwat|zen
er schwatzt
schwe|ben
sie schwebt
schwei|gen
er schweigt, er schwieg,
er hat ge|schwie|gen

→ **schwarz/Schwarz**

Kleinschreibung
Meine Hose ist schwarz.
meine schwarze Hose
schwarz gestreift
(*auch:* schwarzgestreift)
schwarz auf weiß
etwas schwarz anmalen

Großschreibung
die Farbe Schwarz
das Schwarz der Kohle
ins Schwarze treffen

Schwein, das
die Schwei|ne
Schweiß, der
das Schweiß|band
Schweiz, die
schwei|ze|risch
die Schwei|zer
schwer
schwe|rer,
am schwers|ten
ein schwerer Mann
Schwert, das
die Schwer|ter
Schwes|ter, die
die Schwes|tern
schwie|rig
schwie|ri|ger,
am schwie|rigs|ten
Er erledigt eine
schwierige Aufgabe.
die Schwie|rig|keit
schwim|men
sie schwimmt,
sie schwamm,
sie ist ge|schwom|men
der Schwim|mer,
die Schwim|me|rin
das Schwimm|bad

A B C D E F G H I J K L M N O P Qu R S T U V W X Y Z

schwin|deln (lügen)
  er schwin|delt
  der Schwin|del
schwit|zen
  sie schwitzt
schwö|ren
  er schwört, er schwor,
  er hat ge|schwo|ren
schwül
  schwü|ler,
  am schwüls|ten
  die Schwü|le
Schwung, der
  die Schwün|ge

S/s

scrol|len
  sie scrollt
  Sie scrollt am PC
  durch die Textdatei.
sechs/Sechs →
  sech|zehn, sech|zig,
  sechs|hun|dert
See, der (Binnensee)
  die Se|en
  der Stadt|see

See, die (offenes Meer)
  die Nord|see
  die See|fahrt
  das See|pferd|chen
  see|krank
See|le, die
  die See|len
  see|len|ver|wandt

→ **sechs/Sechs**

Kleinschreibung
sechs Jahre alt sein
sechs mal zwei
Es ist halb sechs.
sechstens

Großschreibung
die Zahl Sechs
eine Sechs schreiben
eine Sechs im Zeugnis
Er wurde Sechster.

**Mit Zahl oder
ausgeschrieben**
sechsjährig – 6-jährig
sechsmal – 6-mal
am sechsten *oder*
6. Mai

se|geln
sie se|gelt
das Se|gel
das Se|gel|boot

Se|gen, der
se|hen
er sieht, er sah,
er hat ge|se|hen
Seh|ne, die
die Seh|nen
sehr
Das ist sehr gut!
sei
Sei so gut!
seid → sein
Da seid ihr ja!
Sei|fe, die
die Sei|fen
ein|sei|fen
Seil, das
die Sei|le

seil|sprin|gen
seil|tan|zen
sein
ich bin, du bist,
er/sie/es ist, wir sind,
ihr seid, sie sind,
es war, es ist ge|we|sen

sein
sei|ne, sei|nem,
sei|nen, sei|ner, sei|nes
seit
seit gestern
seit dem letzten Jahr
seit|dem
seitdem wir uns kennen
Sei|te, die
die Sei|ten
aber: *die Saite einer*
Gitarre
die Buch|sei|te
sei|ten|lang
Se|kre|tä|rin, die
(*auch:* Sek|re|tä|rin)
die Se|kre|tä|rin|nen
Se|kun|de, die
die Se|kun|den
sel|ber
Das schreibe ich selber.
selbst
Das sagt er selbst.
Sel|fie, das
(Selbstbildnis per Handy)
die Sel|fies
se|lig (glücklich)
ein seliges Lächeln

A B C D E F G H I J K L M N O P Qu R S T U V W X Y Z

Sel|le|rie, der
die Sel|le|ries

sel|ten
sel|te|ner,
am sel|tens|ten

selt|sam
(merkwürdig, komisch)
eine seltsame Aussage

Sem|mel, die
die Sem|meln

sen|den
sie sen|det,
sie sen|de|te
(*auch:* sand|te),
sie hat ge|sen|det
(*auch:* ge|sandt)
*Das Fernsehen hat
einen Film gesendet.
Sie hat ihm einen Brief
gesandt.*
die Sen|dung

Senf, der
eine Bratwurst mit Senf

Sep|tem|ber, der

Se|rie, die
die Se|ri|en

Ser|vi|et|te, die
die Ser|vi|et|ten

ser|vus!
(herzlicher Willkommens-
und Abschiedsgruß)

Ses|sel, der
die Ses|sel

set|zen, sich
er setzt sich

Shirt, das
die Shirts

Shop, der
die Shops

Show, die
die Shows

sich
sich freuen, sich ärgern

si|cher
si|che|rer, am si|chers|ten
die Si|cher|heit

Sicht, die
sicht|bar

sie
Sie ist da. Sie sind da.

Sieb, das
die Sie|be
sie|ben, sie siebt

sie|ben/Sie|ben →
sieb|zehn, sieb|zig,
sie|ben|hun|dert

sie|gen
  er siegt
  der Sieg, der Sie|ger,
  die Sie|ge|rin
sieht → sehen
Sig|nal, das
  (*auch:* Si|gnal)
  die Sig|na|le

→ **sieben/Sieben**

Kleinschreibung
sieben Jahre alt sein
sieben mal zwei
Es ist halb sieben.
siebentens, siebtens

Großschreibung
die Zahl Sieben
eine Sieben malen
Er wurde Siebenter/
Siebter.

**Mit Zahl oder
ausgeschrieben**
siebenjährig − 7-jährig
siebenmal − 7-mal
am siebenten/siebten
oder 7. Mai

Sil|be, die
  die Sil|ben
  die Sil|ben|tren|nung
  die Nach|sil|be
  die Vor|sil|be
Sil|ber, das
  sil|bern
  silb|rig
Sil|ves|ter, der *oder* das
  die Sil|ves|ter
  die Sil|ves|ter|fei|er
sind → sein
  Wir sind schon da.
sin|gen
  sie singt, sie sang,
  sie hat ge|sun|gen
  der Ge|sang
Sin|gu|lar, der
  (Einzahl)
  die Sin|gu|la|re
sin|ken
  es sinkt, es sank,
  es ist ge|sun|ken
Sinn, der
  die Sin|ne
  sinn|los
  sinn|voll
  das Sin|nes|or|gan

Si|rup, der
die Si|ru|pe
(*auch*: die Si|rups)
Sitz, der
die Sit|ze
der Sitz|platz
sit|zen
sie sitzt, sie saß,
sie hat ge|ses|sen
Sie sitzt auf dem Stuhl.
Skate|board, das
die Skate|boards
Ske|lett, das
die Ske|let|te
Ski, der
die Ski (*auch*: die Ski|er)
= Schi
Sie möchte Ski fahren.
aber: *Sie ist beim*
Skifahren gestürzt.
Skiz|ze, die
die Skiz|zen
skiz|zie|ren
Slip, der
die Slips
SMS, die
(*kurz für:*
Short Message Service)

Snow|board, das
die Snow|boards
so
so ein Pech
so eine Unverschämtheit
So etwas ist mir noch
nie passiert.
so|bald
Sobald ich kann,
komme ich.
So|cke, die
die So|cken
So|cken, der
die So|cken
so|dass (*auch*: so dass)
Sie stolperte,
sodass sie hinfiel.
so|eben (gerade)
Sie sind soeben
angekommen.
So|fa, das
die So|fas
soff → saufen
so|fort (gleich)
Ich mache das sofort.
Soft|eis, das
Soft|ware, die
so|gar

so|ge|nannt
(*auch:* so ge|nannt)
Meine sogenannte
Freundin hat mich sehr
enttäuscht.
Soh|le, die
die Soh|len
Sohn, der
die Söh|ne
so|lan|ge
Ich bleibe, solange es
hell ist.
aber: *Warum dauert es*
so lange?
solch (*auch:* sol|che)
solch ein Pech
Ich habe solche Angst.
sol|len
er soll
Som|mer, der
die Som|mer
die Som|mer|fe|ri|en
som|mer|lich,
som|mer|li|cher,
am som|mer|lichs|ten
son|dern
Das macht man nicht
so, sondern anders.

Song, der
die Songs
Sonn|abend/
sonn|abends →
der Sonn|abend,
die Sonn|aben|de
Son|ne, die
die Son|nen
die Son|nen|blu|me
der Son|nen|schirm
son|nig,
son|ni|ger,
am son|nigs|ten
sich son|nen,
sie sonnt sich

→ **Sonnabend/**
sonnabends

Großschreibung
der Sonnabend
am Sonnabend
jeden Sonnabend
am Sonnabendmittag

Kleinschreibung
sonnabends
sonnabendmittags

A
B
C
D
E
F
G
H
I
J
K
L
M
N
O
P
Qu
R
S
T
U
V
W
X
Y
Z

Sonn|tag/sonn|tags →
  der Sonn|tag,
  die Sonn|ta|ge
sonst
  sonst et|was
  sonst je|mand
  sonst kei|ne
  sonst nie|mand
  Wer kommt sonst noch?
sor|gen, sich
  er sorgt sich
  Er sorgt sich um sie.
  die Sor|ge
sorg|fäl|tig
  sorg|fäl|ti|ger,
  am sorg|fäl|tigs|ten

→ **Sonntag/sonntags**

Großschreibung
der Sonntag
am Sonntag
jeden Sonntag
am Sonntagmittag

Kleinschreibung
sonntags
sonntagmittags

---

sor|tie|ren
  sie sor|tiert
  die Sor|te
So|ße, die
  die So|ßen
  = Sauce
so|wie|so
  Ich bin sowieso hier.

Sp/sp

Spa|gat, der
  die Spa|ga|te
Spa|get|ti, die
  = Spaghetti
Spa|ghet|ti, die
  = Spagetti
spä|hen
  er späht
spal|ten
  sie spal|tet
  der Spalt
  die Spal|te
Span, der
  die Spä|ne
Span|ge, die
  die Span|gen

Spa|ni|en
spa|nisch
die Spa|ni|er
span|nend
span|nen|der,
am span|nends|ten
ein spannender Film
Span|nung, die
die Span|nun|gen
spa|ren
sie spart
das Spar|buch
der Spa|rer,
die Spa|re|rin
Spar|gel, der
spar|sam
spar|sa|mer,
am spar|sams|ten
Spaß, der
die Spä|ße
Spaß ma|chen
spa|ßen, sie spaßt
spa|ßig
spät
spä|ter, am spä|tes|ten
Es ist zu spät.
spä|tes|tens
sich ver|spä|ten

Spa|ten, der
die Spa|ten
Spatz, der
die Spat|zen
spa|zie|ren
spa|zie|ren ge|hen
der Spa|zier|gang
Specht, der
die Spech|te
Speer, der
die Spee|re
Spei|che, die
die Spei|chen
Spei|cher, der
die Spei|cher
spei|chern,
er spei|chert
spei|sen
sie speist
Spek|ta|kel, das
die Spek|ta|kel
*Sie machen Spektakel
(Lärm).*
spen|den
er spen|det
die Spen|de
Sper|ling, der
die Sper|lin|ge

A B C D E F G H I J K L M N O P Qu R **S** T U V W X Y Z

A
B
C
D
E
F
G
H
I
J
K
L
M
N
O
P
Qu
R
S
T
U
V
W
X
Y
Z

sper|ren
sie sperrt
Die Polizei sperrt die
Straße.
Spie|gel, der
die Spie|gel
das Spie|gel|bild
spie|geln, er spie|gelt
Spiel, das
die Spie|le
das Spiel|zeug
spie|len, sie spielt
Spieß, der
die Spie|ße
Spi|nat, der
Spin|ne, die
die Spin|nen
Die Spinne spinnt ein
Netz.
spin|nen
sie spinnt,
sie spann,
sie hat ge|spon|nen
Spinnst du?
spitz
spit|zer, am spit|zes|ten
die Spit|ze
Das ist spitze (sehr gut)!

spon|tan
(plötzlich)
spon|ta|ner,
am spon|tans|ten
Sie tut das ganz spontan.
Sport, der
der Sport|ler,
die Sport|le|rin
sport|lich, sport|li|cher,
am sport|lichs|ten
spot|ten
sie spot|tet
der Spott
spöt|tisch
Spra|che, die
die Spra|chen
sprach|los
die Fremd|spra|che
spre|chen
sie spricht, sie sprach,
sie hat ge|spro|chen
der Spre|cher,
die Spre|che|rin
Sprich|wort, das
die Sprich|wör|ter
sprin|gen
er springt, er sprang,
er ist ge|sprun|gen

220

Sprin|ter, der
  die Sprin|ter
Sprit|ze, die
  die Sprit|zen
sprit|zen
  es spritzt
Spruch, der
  die Sprü|che
Spru|del, der
  die Spru|del
  das Spru|del|was|ser
sprü|hen
  es sprüht
  der Sprüh|re|gen
Sprung, der
  die Sprün|ge
  das Sprung|brett
Spu|cke, die
  spu|cken, sie spuckt
Spuk, der
  spu|ken, es spukt
  In dem alten Schloss
  spukt es.
spü|len
  er spült
  Er spült das Geschirr.
  die Spü|le
  die Spül|ma|schi|ne

Spur, die
  die Spu|ren
  spü|ren, sie spürt
spu|ten, sich (beeilen)
  er spu|tet sich

St/st

Staat, der
  die Staa|ten
Stab, der
  die Stä|be
sta|bil
  sta|bi|ler, am sta|bils|ten
stach → stechen
Sta|chel, der
  die Sta|cheln
  die Sta|chel|bee|re
  sta|che|lig
Sta|di|on, das
  die Sta|di|en
Stadt, die
  die Städ|te
  der Stadt|plan
Staf|fel, die
  die Staf|feln
  der Staf|fel|lauf

A B C D E F G H I J K L M N O P Qu R S T U V W X Y Z

stahl → stehlen
Stahl, der
  die Stäh|le
Stall, der
  die Stäl|le
Stamm, der
  die Stäm|me
  stam|men, sie stammt
  Sie stammt aus Berlin
  (wurde dort geboren).
stand → stehen
Stand, der
  die Stän|de
  der Stand|ort
  der Stand|punkt
stän|dig (immerzu)
  Du störst ständig.
Stan|ge, die
  die Stan|gen
Stän|gel, der
  die Stän|gel
stank → stinken
stap|fen
  er stapft
  Er stapft durch den
  Schnee.
Star, der (Vogel)
  die Sta|re

Star, der
  (berühmte Person)
  die Stars
starb → sterben
stark
  stär|ker,
  am stärks|ten
  Er hat starke Muskeln.
  die Stär|ke
  sich stär|ken
  Sie stärkt sich mit
  einer Banane.
starr
  star|rer, am starrs|ten
  Er hat eine starre
  Meinung.
star|ren
  sie starrt
  Sie starrt mich mit
  großen Augen an.
Start, der
  die Starts
  star|ten, er star|tet
Sta|ti|on, die
  die Sta|ti|o|nen
statt (anstelle von)
  Sie kommt heute statt
  ihrer Schwester.

A
B
C
D
E
F
G
H
I
J
K
L
M
N
O
P
Qu
R
S
T
U
V
W
X
Y
Z

statt|fin|den
es fin|det statt,
es fand statt,
es hat statt|ge|fun|den

Stau, der
die Staus
der Stau|damm
sich stau|en

Staub, der
stau|big,
stau|bi|ger,
am stau|bigs|ten

Stau|de, die
die Stau|den

stau|nen
sie staunt

ste|chen
sie sticht,
sie stach,
sie hat ge|sto|chen

ste|cken
er steckt
Der Schlüssel steckt.
Der Schlüssel ist
stecken geblieben.
Er hat den Schlüssel
stecken gelassen.
der Ste|cker

ste|hen
sie steht, sie stand,
sie hat ge|stan|den
Ich muss stehen bleiben.

steh|len
er stiehlt, er stahl,
er hat ge|stoh|len

steif
stei|fer, am steifs|ten

stei|gen
sie steigt, sie stieg,
sie ist ge|stie|gen
die Stei|gung

stei|gern
er stei|gert
Er steigert das Tempo.

steil
stei|ler, am steils|ten

Stein, der
die Stei|ne
die Stein|zeit

Stel|le, die
die Stel|len

stel|len
sie stellt
Sie stellt eine Frage.
Sie stellt sich neben ihn.
die Stel|lung

A
B
C
D
E
F
G
H
I
J
K
L
M
N
O
P
Qu
R
S
T
U
V
W
X
Y
Z

Stel|ze, die
die Stel|zen
Er möchte gern
Stelzen laufen.
Stem|pel, der
die Stem|pel
stem|peln, sie stem|pelt
ster|ben
er stirbt, er starb,
er ist ge|stor|ben
Ste|reo|an|la|ge, die
die Ste|reo|an|la|gen
Stern, der
die Ster|ne
stets (immer)
Sie schreibt stets
gute Texte.
Steu|er, das
das Steu|er|rad
steu|ern, sie steu|ert
Stich, der
die Sti|che
sti|cken
sie stickt
Sti|cker, der
die Sti|cker
Stie|fel, der
die Stie|fel

Stief|müt|ter|chen, das
die Stief|müt|ter|chen
stieg → steigen
Stiel, der
die Stie|le
Stier, der
die Stie|re
stieß → stoßen
Stift, der
die Stif|te
still
stil|ler, am stills|ten
die Stil|le
Stim|me, die
die Stim|men
stim|men
es stimmt
Das stimmt nicht.
Sie stimmt die Gitarre.
die Stim|mung
stin|ken
es stinkt, es stank,
es hat ge|stun|ken
der Ge|stank
Stirn, die
die Stir|nen
Stock, der
die Stö|cke

Stock|werk, das
  die Stock|wer|ke
Stoff, der
  die Stof|fe
stöh|nen
  sie stöhnt
  Sie stöhnt über die
  schwere Aufgabe.
stol|pern
  er stol|pert
  der Stol|per|stein
stolz
  stol|zer, am stol|zes|ten
  der Stolz
  stol|zie|ren, sie stol|ziert
stop|fen
  er stopft
Stopp, der
  die Stopps
  das Stopp|schild
  stop|pen, sie stoppt
Stöp|sel, der
  die Stöp|sel
Storch, der
  die Stör|che
stö|ren
  er stört
  die Stö|rung

stö|risch (trotzig)
  stö|ri|scher,
  am stö|rischs|ten
sto|ßen
  sie stößt, sie stieß,
  sie hat ge|sto|ßen
  der Stoß
stot|tern
  er stot|tert
Stra|fe, die
  die Stra|fen
Strand, der
  die Strän|de
Stra|ße, die
  die Stra|ßen
  die Stra|ßen|bahn
Strauch, der
  die Sträu|cher
Strauß, der
  die Sträu|ße
Stre|ber, der
  die Stre|ber,
  die Stre|be|rin
  stre|ben, sie strebt
  Sie strebt nach Ruhm.
Stre|cke, die
  die Stre|cken
  sich stre|cken

225

A
B
C
D
E
F
G
H
I
J
K
L
M
N
O
P
Qu
R
S
T
U
V
W
X
Y
Z

strei|cheln
sie strei|chelt
strei|chen
er streicht, er strich,
er hat ge|stri|chen
das Streich|holz
Strei|fen, der
die Strei|fen
Streit, der
die Strei|te
strei|ten
sie strei|tet, sie stritt,
sie hat ge|strit|ten
streng
stren|ger, am strengs|ten
Stress, der
stres|sig
streu|en
sie streut
die Streu
Strich, der
die Stri|che
Strich|code, der
die Strich|codes
Strick, der
die Stri|cke
stri|cken
er strickt

strie|geln
sie strie|gelt
Sie striegelt ihr Pferd.
der Strie|gel
stritt → streiten
Stroh, das
der Stroh|halm
Strom, der
die Strö|me
strö|men, es strömt
der Strom in der
Lichtleitung
Die Donau ist ein Strom
(großer Fluss).
Stro|phe, die
die Stro|phen
Das Gedicht hat
vier Strophen.
Strumpf, der
die Strümp|fe
Stu|be, die
die Stu|ben
Stück, das
die Stü|cke
das Stück|chen
Stu|fe, die
die Stu|fen
stu|fig

Stuhl, der
  die Stüh|le
stumm
  Sie bleibt stumm
  (spricht nicht).
stumpf
  ein stumpfes Messer
Stun|de, die
  die Stun|den
  der Stun|den|plan
  stünd|lich
stur
  stu|rer, am sturs|ten
  die Stur|heit
Sturm, der
  die Stür|me
  stür|men, es stürmt
  stür|misch
Sturz, der
  die Stür|ze
stür|zen
  sie stürzt, sie stürz|te,
  sie ist ge|stürzt
Stu|te, die
  die Stu|ten
stüt|zen
  er stützt
  Er stützt sie beim Gehen.

Sty|ling, das
  die Sty|lings

S/s

Sub|jekt, das
  (Satzgegenstand)
  die Sub|jek|te
su|chen
  er sucht
  die Su|che
  die Su|che|rei
  die Such|ma|schi|ne
Sü|den, der
  süd|lich,
  süd|li|cher,
  am süd|lichs|ten
Sum|me, die
  die Sum|men
sum|men
  sie summt
  Sie summt leise ein Lied.
Sumpf, der
  die Sümp|fe
su|per
  Das ist super!
  der Su|per|markt

A
B
C
D
E
F
G
H
I
J
K
L
M
N
O
P
Qu
R
S
T
U
V
W
X
Y
Z

Sup|pe, die
die Sup|pen
sur|fen
sie surft
Sie surft gerne auf
dem Surfbrett.
Sie surft oft im Internet.
der Sur|fer,
die Sur|fe|rin
süß
sü|ßer, am sü|ßes|ten
Er isst gerne Süßes.
süß|lich,
süß|li|cher,
am süß|lichs|ten
die Sü|ßig|keit
Sym|bol, das
die Sym|bo|le
sym|pa|thisch (nett)
sym|pa|thi|scher,
am sym|pa|thischs|ten
Sie ist mir sympathisch.
die Sym|pa|thie
Sze|ne, die
die Sze|nen
Sie spielt eine Szene vor.

T/t

Ta|bel|le, die
die Ta|bel|len
Ta|blet-PC, der
(tragbarer Computer;
auch: Tab|let-PC)
die Ta|blet-PCs
Ta|blett, das
(*auch:* Tab|lett)
die Ta|bletts
Ta|blet|te, die
(*auch:* Tab|let|te)
die Ta|blet|ten
Ta|del, der
die Ta|del
ta|deln, er ta|delt
Ta|fel, die
die Ta|feln
Tag/tags →
der Tag, die Ta|ge
Takt, der
die Tak|te
Tal, das
die Tä|ler
Ta|lent, das
die Ta|len|te

Talk|show, die
　die Talk|shows
Tank, der
　die Tanks
　tan|ken, sie tankt
Tan|ne, die
　die Tan|nen
　der Tan|nen|baum
　das Tan|nen|grün
　der Tan|nen|zap|fen
Tan|te, die
　die Tan|ten

→ **Tag/tags**

Großschreibung
am Tage
eines Tages
am heutigen Tag
Es wird Tag.
Guten Tag!
drei Tage lang

Kleinschreibung
tagaus, tagein
tagelang
tagsüber
ganztags

Tanz, der
　die Tän|ze
　tan|zen, sie tanzt
Ta|pe|te, die
　die Ta|pe|ten
tap|fer
　tap|fe|rer,
　am tap|fers|ten
Tar|nung, die
　die Tar|nun|gen
Ta|sche, die
　die Ta|schen
　das Ta|schen|geld
Tas|se, die
　die Tas|sen
Tas|ta|tur, die
　die Tas|ta|tu|ren
Tas|te, die
　die Tas|ten
tat → tun
Tat, die
　die Ta|ten
　die Tä|tig|keit
　tä|tig
Tat|ze, die
　die Tat|zen
Tau, das (Seil)
　die Taue

Tau, der
die Tau|trop|fen
taub
Bist du taub?
Tau|be, die
die Tau|ben
tau|chen
sie taucht
der Tau|cher,
die Tau|che|rin
tau|en
es taut
Morgens taut es.
Tau|fe, die
die Tau|fen
tau|fen, er tauft
tau|gen
es taugt
Das taugt leider nichts
(ist nichts wert).
tau|schen
er tauscht
der Tausch
täu|schen, sich
sie täuscht sich
tau|send/Tau|send →
Ta|xi, das
die Ta|xis

Team, das (Mannschaft)
die Teams
Wir sind ein gutes Team.
Tech|nik, die
die Tech|ni|ken
tech|nisch

→ **tausend/Tausend**

Kleinschreibung
bis tausend zählen
vor tausend Jahren
tausend Tiere
tausendfach

Großschreibung
die Zahl Tausend
Tausende

**Klein- oder Groß-
schreibung**
viele tausend/Tausend
Menschen

**Mit Zahl oder
ausgeschrieben**
tausendjährig –
1000-jährig
tausendmal – 1000-mal

Ted|dy, der
  die Ted|dys
  der Ted|dy|bär
Tee, der
  die Tees
Teich, der
  die Tei|che
Teig, der
  die Tei|ge
Teil, der *oder* das
  die Tei|le
  tei|len, sie teilt
teil|neh|men
  er nimmt teil,
  er nahm teil,
  er hat teil|ge|nom|men
Te|le|fon, das
  die Te|le|fo|ne
  te|le|fo|nie|ren,
  sie te|le|fo|niert
Tel|ler, der
  die Tel|ler
Tem|pe|ra|tur, die
  die Tem|pe|ra|tu|ren
Tem|po, das
  (Geschwindigkeit)
  die Tem|pos
  (*auch:* die Tem|pi)

Ten|nis, das
  Er möchte heute Mittag
  Tennis spielen.
  der Ten|nis|ball
Tep|pich, der
  die Tep|pi|che
Ter|min, der
  die Ter|mi|ne
Ter|ra|ri|um, das
  die Ter|ra|ri|en
Ter|ras|se, die
  die Ter|ras|sen
Test, der
  die Tests
  tes|ten, er tes|tet
teu|er
  teu|rer, am teu|ers|ten
Teu|fel, der
  die Teu|fel
  teuf|lisch
Text, der
  die Tex|te
The|a|ter, das
  die The|a|ter
The|ma, das
  die The|men
Ther|mo|me|ter, das
  die Ther|mo|me|ter

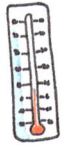

A
B
C
D
E
F
G
H
I
J
K
L
M
N
O
P
Qu
R
S
T
U
V
W
X
Y
Z

Thron, der
  die Thro|ne
Tick, der
  (seltsame Angewohnheit)
  die Ticks
  einen kleinen Tick haben
ti|cken
  sie tickt
  Die Uhr tickt.
Ti|cket, das
  die Ti|ckets
tief
  tie|fer, am tiefs|ten
  die Tie|fe
Tie|gel, der
  die Tie|gel
Tier, das
  die Tie|re
  tie|risch
  tier|lieb
Ti|ger, der
  die Ti|ger
Tin|te, die
  die Tin|ten
Ti|pi, das (Zelt)
  die Ti|pis
Tipp, der
  die Tipps

tip|peln (in kleinen
  Schritten gehen)
  er tip|pelt
  Er tippelt über den Flur.
tip|pen
  sie tippt
Tisch, der
  die Ti|sche
Ti|tel, der
  die Ti|tel
Toast, der
  die Toas|te
  (*auch:* die Toasts)
  das Toast|brot
  der Toas|ter
  toas|ten, er toas|tet
to|ben
  sie tobt
  die To|be|rei
Toch|ter, die
  die Töch|ter
Tod, der
  tod|krank, tod|ernst
  Sie ist todmüde
  (sehr müde).
  aber: tot
To|i|let|te, die
  die To|i|let|ten

toll
toll|ler, am tolls|ten
Toll|patsch, der
die Toll|pat|sche
toll|pat|schig
(ungeschickt)
To|ma|te, die
die To|ma|ten
Tom|bo|la, die
(Verlosung)
die Tom|bo|las
Ton, der
die Tö|ne
Ton|ne, die
die Ton|nen
die Müll|ton|ne
top (sehr gut)
der Top|star
Sie ist topfit (sehr fit).
Topf, der
die Töp|fe
Tor, das
die To|re
der Tor|wart
Tor|nis|ter, der (Ranzen)
die Tor|nis|ter
Tor|te, die
die Tor|ten

tot
tot sein
der To|te
tö|ten, er tö|tet
tot|la|chen,
sie lacht sich tot
aber: der Tod
to|tal (ganz und gar)
Er ist total verrückt.
Tou|rist, der
die Tou|ris|ten
tra|ben
es trabt
Das Pferd trabt.
der Trab
traf → treffen
tra|gen
er trägt, er trug,
er hat ge|tra|gen
Trä|ger, der
die Trä|ger
Trai|ner, der
die Trai|ner,
die Trai|ne|rin
trai|nie|ren,
sie trai|niert
Trak|tor, der
die Trak|to|ren

A
B
C
D
E
F
G
H
I
J
K
L
M
N
O
P
Qu
R
S
T
U
V
W
X
Y
Z

tram|peln
  er tram|pelt
  das Tram|pel|tier
Trä|ne, die
  die Trä|nen
  trä|nen, es tränt
  Ihr Auge tränt.
trank → trinken
Trans|pa|rent, das
  (Spruchband)
  die Trans|pa|ren|te
  trans|pa|rent
  (durchsichtig)
Trans|port, der
  die Trans|por|te
  trans|por|tie|ren,
  sie trans|por|tiert
trat → treten
Trau|be, die
  die Trau|ben
trau|en, sich
  sie traut sich
Trau|er, die
  die Trau|rig|keit
trau|ern
  er trau|ert
Traum, der
  die Träu|me

träu|men
  er träumt
trau|rig
  trau|ri|ger,
  am trau|rigs|ten
  die Trau|rig|keit
tref|fen
  sie trifft, sie traf,
  sie hat ge|trof|fen
  der Treff|punkt
trei|ben
  er treibt, er trieb,
  er hat ge|trie|ben
  Er treibt die Kühe.
tren|nen
  sie trennt
  Sie trennt die Wörter.
  Sie trennt sich von ihm
  (verlässt ihn).
  die Tren|nung
Trep|pe, die
  die Trep|pen
tre|ten
  sie tritt, sie trat,
  sie hat ge|tre|ten
treu
  treu|er, am treu|es|ten
  die Treue

Trick, der
die Tricks
trie|fen
es trieft
Er trieft vor Nässe.
trief|nass
Tri|kot, das
die Tri|kots
trin|ken
er trinkt, er trank,
er hat ge|trun|ken
das Trink|was|ser
trip|peln (in kleinen
Schritten gehen)
sie trip|pelt
Tritt, der
die Trit|te
tro|cken
tro|cke|ner,
am tro|ckens|ten
trock|nen, es trock|net
trö|deln (bummeln)
sie trö|delt
Trom|mel, die
die Trom|meln
trom|meln, er trom|melt
Trom|pe|te, die
die Trom|pe|ten

Trop|fen, der
die Trop|fen
tröp|feln, es tröp|felt
trop|fen, es tropft
trös|ten
er trös|tet
Er tröstet sie.
der Trost
tröst|lich
Trotz, der
trot|zen, sie trotzt
trot|zig
trotz
*Trotz des Regens gehen
sie spazieren.*
trotz|dem
trüb
trü|ber, am trübs|ten
Tru|bel, der
trug → tragen
Tru|he, die
die Tru|hen
tschüss!
Er sagt: „Tschüss!"
T-Shirt, das
die T-Shirts
Tu|be, die
die Tu|ben

Tuch, das
  die Tü|cher
tüch|tig
  tüch|ti|ger,
  am tüch|tigs|ten
Tul|pe, die
  die Tul|pen
tum|meln, sich
  (lebhaft bewegen)
  er tum|melt sich
  das Ge|tüm|mel
Tüm|pel, der
  die Tüm|pel
tun
  sie tut, sie tat,
  sie hat ge|tan
Tun|nel, der
  die Tun|nel
  (*auch:* die Tun|nels)
Tup|fen, der
  die Tup|fen
Tür, die
  die Tü|ren
Tür|kei, die
  tür|kisch
  die Tür|ken
tür|kis (blaugrün)
  ein türkises Kleid

Turm, der
  die Tür|me
tur|nen
  sie turnt
  der Tur|ner,
  die Tur|ne|rin
  die Turn|hal|le
  die Turn|schu|he
Tur|nier, das
  die Tur|nie|re
  das Fuß|ball|tur|nier
Tu|sche, die
  die Tu|schen
  der Tusch|kas|ten
  tu|schen, sie tuscht
tu|scheln (flüstern)
  er tu|schelt
  Er tuschelt ihr etwas zu.
  das Ge|tu|schel
Tü|te, die
  die Tü|ten
tu|ten
  es tu|tet
twit|tern
  sie twit|tert
Typ, der
  die Ty|pen
  ty|pisch

U/u

U-Bahn, die
die U-Bah|nen
(*kurz für:* Untergrundbahn)
übel (schlecht)
üb|ler, am übels|ten
Mir ist übel.
die Übel|keit
üben
sie übt
die Übung
über
*Die Lampe hängt über
dem Tisch.*
über|all
über|an|stren|gen
sie über|an|strengt
*Sie hat ihr Pferd beim
Reiten überanstrengt.*
über|ar|bei|ten
sie über|ar|bei|tet
Sie überarbeitet den Text.
Über|blick, der
über|brü|cken
er über|brückt
Er überbrückt die Pause.

über|ein|an|der
(*auch:* über|ei|nan|der)
über|ein|stim|men
sie stimmt über|ein
*Sie stimmt mit ihm in
allen Punkten überein.*
Über|fahrt, die
die Über|fahr|ten
*eine Überfahrt mit dem
Schiff*
über|fal|len → fallen
der Über|fall
über|haupt
über|ho|len
er über|holt
Er überholt alle.
über|hö|ren
sie über|hört
Sie überhört etwas.
über|le|gen
er über|legt
*Er überlegt sehr lange.
Er überlegt sich eine
Lösung.*
die Über|le|gung
über|mor|gen
Über|mut, der
über|mü|tig

A B C D E F G H I J K L M N O P Qu R S T **U** V W X Y Z

über|que|ren
  sie über|quert
  Sie überquert die Straße.
über|ra|schen
  er über|rascht
  Das überrascht mich.
  die Über|ra|schung
  über|ra|schend
Über|schrift, die
  die Über|schrif|ten
über|schwem|men
  er über|schwemmt
  Der Fluss überschwemmt
  die Wiese.
  die Über|schwem|mung
über|se|hen → sehen
  Er übersieht etwas.
Über|sicht, die
  die Über|sich|ten
über|trei|ben
  sie über|treibt
  die Über|trei|bung
Über|weg, der
  die Über|we|ge
über|zeu|gen
  sie über|zeugt
  die Über|zeu|gung
üb|lich

üb|rig
üb|ri|gens
Übung, die
  die Übun|gen
Ufer, das
  die Ufer
Uhr, die
  die Uh|ren
  die Uhr|zeit
  acht Uhr, 8.30 Uhr
Uhu, der
  die Uhus

ul|kig (spaßig)
  ul|ki|ger, am ul|kigs|ten
um
  um das Haus herum
um|ar|men
  sie um|armt
  die Um|ar|mung
um|dre|hen
  er dreht um
  Er dreht den Schlüssel
  um.
  Er dreht sich um.
um|ein|an|der
  (*auch:* um|ei|nan|der)
  Sie kümmern sich
  umeinander.

um|fal|len
sie fällt um,
sie fiel um,
sie ist um|ge|fal|len
Um|fang, der
die Um|fän|ge
Um|ge|bung, die
die Um|ge|bun|gen
um|her
um|keh|ren
sie kehrt um
um|kip|pen
er kippt um
Er kippt das Glas um.
Um|laut, der
die Um|lau|te
ums (um das)
ums Haus herumgehen
um|so
um|so mehr
um|sonst
Um|stell|pro|be, die
die Um|stell|pro|ben
um|sto|ßen → stoßen
Um|weg, der
die Um|we|ge
Um|welt, die
der Um|welt|schutz

um|zie|hen → ziehen
*Sie zieht morgen um
(wechselt die Wohnung).
Sie zieht sich um
(wechselt die Kleidung).*
Um|zug, der
die Um|zü|ge
un|an|ge|nehm
ein unangenehmer Gast
un|auf|merk|sam
un|auf|merk|sa|mer,
am un|auf|merk|sams|ten
un|be|dingt
(auf jeden Fall)
*Du musst unbedingt
kommen!*
un|be|kannt
un|be|stimmt
und
un|ent|schie|den
*Das Spiel endete
unentschieden.*
un|fair (ungerecht)
Un|fall, der
die Un|fäl|le
un|freund|lich
un|freund|li|cher,
am un|freund|lichs|ten

Un|fug, der
  Ihr macht Unfug.
un|ge|dul|dig
  un|ge|dul|di|ger,
  am un|ge|dul|digs|ten
un|ge|fähr
un|ge|recht
  die Un|ge|rech|tig|keit
Un|ge|tüm, das
  (Ungeheuer)
  die Un|ge|tü|me
Un|glück, das
  die Un|glü|cke
  un|glück|lich
un|gül|tig
un|heim|lich
  un|heim|li|cher,
  am un|heim|lichs|ten
un|klar
Un|kraut, das
un|le|ser|lich
  Er schreibt unleserlich.
un|mög|lich
un|nö|tig
  ein unnötiger Streit
un|nütz
Un|recht, das
Un|ru|he, die

un|ru|hig
uns
  un|ser, un|se|re
Un|schuld, die
  un|schul|dig
un|si|cher
Un|sinn, der
  un|sin|nig
un|ten
  Er steht hier unten.
un|ter
  Sie steht unter
  dem Baum.
  Sie stellt sich unter
  den Baum.
un|ter|brechen → brechen
  Unterbrich mich nicht!
Un|ter|füh|rung, die
  die Un|ter|füh|run|gen
un|ter|hal|ten, sich
  er un|ter|hält sich,
  er un|ter|hielt sich,
  er hat sich un|ter|hal|ten
  die Un|ter|hal|tung
Un|ter|hemd, das
  die Un|ter|hem|den
Un|ter|ho|se, die
  die Un|ter|ho|sen

Un|ter|richt, der
  un|ter|rich|ten,
  sie un|ter|rich|tet
un|ter|schei|den
  er un|ter|schei|det,
  er un|ter|schied,
  er hat un|ter|schie|den
  der Un|ter|schied
Un|ter|schen|kel, der
  die Un|ter|schen|kel
un|ter|schrei|ben
  → schreiben
Un|ter|schrift, die
  die Un|ter|schrif|ten
un|ter|strei|chen
  → streichen
un|ter|stüt|zen
  sie un|ter|stützt
  Sie unterstützt ihre
  kleine Schwester.
un|ter|su|chen
  er un|ter|sucht
  Er untersucht die Kranke.
  die Un|ter|su|chung
un|ter|wegs
un|ver|ständ|lich
  un|ver|ständ|li|cher,
  am un|ver|ständ|lichs|ten

un|zu|frie|den
  un|zu|frie|de|ner,
  am un|zu|frie|dens|ten
Up|date, das
  (*neue Ausgabe, Version*)
  die Up|dates
Ur|kun|de, die
  die Ur|kun|den
Ur|laub, der
  die Ur|lau|be
  der Ur|lau|ber,
  die Ur|lau|be|rin
Ur|sa|che, die
  die Ur|sa|chen
Ur|teil, das
  die Ur|tei|le
  ur|tei|len, er ur|teilt
Ur|wald, der
  die Ur|wäl|der
USA, die
  (*kurz für:* United States
  of America, Vereinigte
  Staaten von Amerika)
usw.
  (*kurz für:* und so weiter)
UV-Strah|len, die
  (*kurz für:*
  Ultraviolettstrahlen)

A B C D E F G H I J K L M N O P Qu R S T U V W X Y Z

A B C D E F G H I J K L M N O P Qu R S T U V W X Y Z

V/v

Vam|pir, der
  die Vam|pi|re
Va|nil|le, die
  der Va|nil|le|pud|ding
Va|se, die
  die Va|sen
  die Blu|men|va|se
Va|ter, der
  die Vä|ter
  vä|ter|lich
Veil|chen, das
  die Veil|chen
Ven|til, das
  die Ven|ti|le
ver|ab|re|den, sich
  er ver|ab|re|det sich
  die Ver|ab|re|dung
ver|ab|schie|den, sich
  sie ver|ab|schie|det sich
  die Ver|ab|schie|dung
Verb, das
  die Ver|ben
  das Hilfs|verb
Ver|band, der
  die Ver|bän|de

ver|bes|sern
  er ver|bes|sert
  Er verbessert den Text.
  die Ver|bes|se|rung
ver|beu|gen, sich
  sie ver|beugt sich
ver|bie|ten
  er ver|bie|tet,
  er ver|bot,
  er hat ver|bo|ten
  Er verbietet ihm alles.
ver|bin|den
  sie ver|bin|det,
  sie ver|band,
  sie hat ver|bun|den
  die Ver|bin|dung
ver|blü|hen
  er ver|blüht
  Die Blume ist verblüht.
Ver|bot, das
  die Ver|bo|te
ver|bo|ten
  Das ist verboten.
ver|brau|chen
  er ver|braucht
  der Ver|brauch
  der Ver|brau|cher,
  die Ver|brau|che|rin

ver|bren|nen
  sie ver|brennt
  die Ver|bren|nung
ver|däch|ti|gen
  er ver|däch|tigt
  Er verdächtigt mich.
  der Ver|dacht
ver|der|ben
  es ver|dirbt, es ver|darb,
  es ist ver|dor|ben
  Die Wurst ist verdorben
  (schlecht geworden).
ver|dop|peln
  sie ver|dop|pelt
ver|duns|ten
  es ver|duns|tet
Ver|ein, der
  die Ver|ei|ne
  ver|ei|nen, er ver|eint
ver|fah|ren, sich → fahren
Ver|gan|gen|heit, die
  die Ver|gan|gen|heits|form
ver|ge|ben → geben
  Sie vergibt ihm gerne.
ver|ges|sen
  sie ver|gisst, sie ver|gaß,
  sie hat ver|ges|sen
  ver|gess|lich

Ver|gif|tung, die
  die Ver|gif|tun|gen
  ver|gif|ten, er ver|gif|tet
Ver|giss|mein|nicht, das
ver|glei|chen
  sie ver|gleicht,
  sie ver|glich,
  sie hat ver|gli|chen
  Sie vergleicht Angebote.
  der Ver|gleich
  die Ver|gleichs|stu|fe
ver|gnü|gen, sich
  er ver|gnügt sich
  das Ver|gnü|gen
ver|hal|ten, sich → halten
  Sie verhält sich richtig.
  das Ver|hal|ten
ver|ir|ren, sich
  er ver|irrt sich
ver|kau|fen
  sie ver|kauft
  Sie verkauft Fisch.
  der Ver|kauf
  der Ver|käu|fer,
  die Ver|käu|fe|rin
Ver|kehr, der
  die Ver|kehrs|re|geln
  das Ver|kehrs|schild

ver|kehrt
Ihr Verhalten ist verkehrt.
Er läuft verkehrt herum.
ver|klei|den, sich
er ver|klei|det sich
die Ver|klei|dung
ver|län|gern
sie ver|län|gert
Sie verlängert ihren
Vertrag.
Ver|län|ge|rung, die
die Ver|län|ge|run|gen
ver|las|sen → lassen
Sie verlässt das Zimmer.
Sie verlässt ihn.
Sie verlässt sich auf ihn.
Er fühlt sich verlassen.
ver|lau|fen, sich
er ver|läuft sich
ver|lei|hen → leihen
Er verleiht sein Buch.
ver|let|zen
sie ver|letzt
Sie verletzt ihn mit ihrer
Beleidigung.
Sie verletzt sich an der
Hand.
die Ver|let|zung

ver|lie|ben, sich
sie ver|liebt sich
ver|liebt
Sie ist in ihn verliebt.
ver|lie|ren
sie ver|liert, sie ver|lor,
sie hat ver|lo|ren
ver|mis|sen
er ver|misst
Er vermisst sie.
ver|mu|ten
er ver|mu|tet
die Ver|mu|tung
ver|mut|lich
Das stimmt vermutlich
(wahrscheinlich).
ver|neh|men → nehmen
Sie vernimmt den Zeugen.
ver|pa|cken
er ver|packt
die Ver|pa|ckung
ver|pas|sen
sie ver|passt
Sie verpasst den Bus.
ver|pet|zen
er ver|petzt
Er verpetzt seine
Schwester.

ver|ra|ten
  er ver|rät, er ver|riet,
  er hat ver|ra|ten
  Er verrät den Dieb.
  der Ver|rat
ver|rech|nen, sich
  er ver|rech|net sich
ver|rei|sen
  sie ver|reist
ver|renken, sich
  er ver|renkt sich
  Er hat sich die Schulter
  verrenkt.
ver|rückt
Vers, der (Zeile)
  die Ver|se
  Das Gedicht hat
  acht Verse.
ver|säu|men (verpassen)
  sie ver|säumt
  Sie versäumt den Zug.
ver|schie|den
  Beide sehen etwas
  ganz Verschiedenes.
  ver|schie|den|ar|tig
ver|schla|fen → schlafen
ver|schlie|ßen
  → schließen

ver|schlin|gen → schlingen
ver|schlu|cken, sich
  sie ver|schluckt sich
ver|schmut|zen
  er ver|schmutzt
  Es ist alles verschmutzt.
  die Ver|schmut|zung
ver|schwin|den
  sie ver|schwin|det,
  sie ver|schwand,
  sie ist ver|schwun|den
Ver|se|hen, das
  die Ver|se|hen
  Das habe ich aus
  Versehen getan.
ver|set|zen → setzen
  Er wurde in die nächste
  Klasse versetzt.
ver|söh|nen, sich
  sie ver|söhnt sich
  Sie versöhnt sich mit ihm.
  die Ver|söh|nung
ver|sor|gen
  er ver|sorgt
  Er versorgt seine Oma.
ver|spä|ten, sich
  er ver|spä|tet sich
  die Ver|spä|tung

ver|spre|chen
sie ver|spricht,
sie ver|sprach,
sie hat ver|spro|chen
das Ver|spre|chen
Ver|stand, der
das Ver|ständ|nis
ver|ständ|lich
ver|ste|cken, sich
sie ver|steckt sich
das Ver|steck
Sie spielen Verstecken.
ver|ste|hen
er ver|steht, er ver|stand,
er hat ver|stan|den
das Ver|stän|dnis
ver|su|chen
er ver|sucht
der Ver|such
ver|tei|di|gen
sie ver|tei|digt
die Ver|tei|di|gung
ver|tei|len
er ver|teilt
Er verteilt Geschenke.
ver|tra|gen, sich → tragen
*Er verträgt sich wieder
mit ihr.*

Ver|trau|en, das
ver|trau|en, sie ver|traut
ver|trös|ten
er ver|trös|tet
*Er vertröstet sie immer
auf morgen.*
ver|wandt
der Ver|wand|te,
die Ver|wand|te
die Ver|wandt|schaft
ver|wech|seln
sie ver|wech|selt
Sie verwechselt etwas.
die Ver|wechs|lung
ver|wel|ken
er ver|welkt
*Der Blumenstrauß ist
verwelkt.*
ver|wen|den
sie ver|wen|det
Sie hat etwas verwendet.
die Ver|wen|dung
ver|wöh|nen
er ver|wöhnt
Er verwöhnt ihn.
Er ist verwöhnt.
Ver|zeich|nis, das
die Ver|zeich|nis|se

ver|zei|hen
  sie ver|zeiht,
  sie ver|zieh,
  sie hat ver|zie|hen
Ver|zei|hung, die
  (Entschuldigung)
  Ich bitte dich um
  Verzeihung.
ver|zie|ren
  er ver|ziert
  Er verziert den Text.
  die Ver|zie|rung
Vieh, das
viel
  mehr, am meis|ten
  Man soll viel trinken.
viel|leicht
vier/Vier →
  vier|zehn, vier|zig,
  vier|hun|dert
vi|o|lett
  Sie trägt ein
  violettes T-Shirt.
Vi|ta|min, das
  die Vi|ta|mi|ne
Vo|gel, der
  die Vö|gel
  das Vo|gel|haus

Vo|ka|bel, die
  die Vo|ka|beln
  das Vo|ka|bel|heft
  der Vo|ka|bel|test
Vo|kal, der (Selbstlaut)
  die Vo|ka|le
Volk, das
  die Völ|ker
  das Volks|lied

→ **vier/Vier**

Kleinschreibung
vier Jahre alt sein
vier mal zwei
Es ist halb vier.
viertens

Großschreibung
die Zahl Vier
eine Vier schreiben
eine Vier im Zeugnis
Er wurde Vierter.

Mit Zahl oder
ausgeschrieben
vierjährig – 4-jährig
viermal – 4-mal
am vierten *oder* 4. Mai

A B C D E F G H I J K L M N O P Qu R S T U V W X Y Z

A B C D E F G H I J K L M N O P Qu R S T U V W X Y Z

voll
Ich bin voll zufrieden.
voll|kom|men
voll|stän|dig
Vol|ley|ball, der
die Vol|ley|bäl|le
völ|lig
Du hast völlig recht.
vom (von dem)
Das kommt vom Regen.
von
ein Bild von oben sehen
Der Teddy ist von mir.
vor
vo|ran (*auch:* vor|an)
vo|ran|kom|men,
er kommt vo|ran
vo|raus (*auch:* vor|aus)
vo|raus|ge|hen,
sie geht vo|raus
vor|bei
vor|bei|ge|hen,
er geht vor|bei
Er geht an ihr vorbei.
vor|be|rei|ten
sie be|rei|tet vor
Sie bereitet das Fest vor.
die Vor|be|rei|tung

Vor|bild, das
die Vor|bil|der
vor|bild|lich
Vor|der|rad, das
die Vor|der|rä|der
vor|drän|geln, sich
er drän|gelt sich vor
Vor|fahrt, die
vor|ges|tern
Ich war vorgestern dort.
Vor|hang, der
die Vor|hän|ge
vor|her
vor|hin
vo|rig
das vorige Mal
vor|kom|men → kommen
Das kann vorkommen
(kann passieren).
vor|läu|fig (erst einmal)
Ich arbeite vorläufig mit
dem alten Buch.
vor|le|sen
er liest vor,
er las vor,
er hat vor|ge|le|sen
vorm (vor dem)
Er steht vorm Haus.

vor|ma|chen
er macht vor
Er macht ein Kunststück vor.
Vor|mit|tag/vor|mit|tags →
der Vor|mit|tag,
die Vor|mit|ta|ge
vorn (*auch:* vor|ne)
Komm doch bitte nach vorn.
Vor|na|me, der
die Vor|na|men
vor|neh|men → nehmen
Sie nimmt sich täglich etwas Schönes vor.

→ **Vormittag/ vormittags**

Großschreibung
am Vormittag
jeden Vormittag
heute Vormittag
der Dienstagvormittag

Kleinschreibung
vormittags
dienstagvormittags

vors (vor das)
Sie ging vors Haus.
Vor|schlag, der
die Vor|schlä|ge
vor|schla|gen,
er schlägt vor
vor|se|hen, sich → sehen
Sieh dich vor!
Vor|sicht, die
vor|sich|tig,
vor|sich|ti|ger,
am vor|sich|tigs|ten
vor|stel|len, sich
sie stellt sich vor
die Vor|stel|lung
Vor|teil, der
die Vor|tei|le
vor|tra|gen → tragen
Er trägt ein Gedicht vor.
vo|rü|ber
(*auch:* vor|ü|ber)
vor|wärts
vor|wärts|ge|hen,
sie geht vor|wärts
vor|wer|fen → werfen
Vul|kan, der
die Vul|ka|ne

A
B
C
D
E
F
G
H
I
J
K
L
M
N
O
P
Qu
R
S
T
U
V
W
X
Y
Z

W/w

Waa|ge, die
die Waa|gen
Sie wiegt sich
auf einer Waage.
waa|ge|recht

wach
Sie ist schon früh wach.
wach blei|ben
wach sein
wach|sam

Wachs, das
die Wachs|ker|ze

wach|sen
sie wächst,
sie wuchs,
sie ist ge|wach|sen

wa|ckeln
er wa|ckelt
wa|cke|lig

Wa|de, die
die Wa|den

Waf|fe, die
die Waf|fen

Waf|fel, die
die Waf|feln

wa|gen
sie wagt
Wer wagt, gewinnt.
das Wag|nis

Wa|gen, der
die Wa|gen

Wag|gon, der
die Wag|gons

Wahl, die
die Wah|len
wäh|len, sie wählt

wahr
wahr sein
wahr|schein|lich
die Wahr|heit

wäh|rend
während der Ferien
wäh|rend|des|sen

Wai|se, die
(Kind, das Mutter und/
oder Vater verloren hat)
die Wai|sen
das Wai|sen|haus

Wal, der
die Wa|le
der Finn|wal

Wald, der
die Wäl|der

Wall, der
  die Wäl|le
Wal|nuss, die
  die Wal|nüs|se
Wand, die
  die Wän|de
wan|dern
  er wan|dert
  der Wan|de|rer,
  die Wan|de|rin
  die Wan|de|rung
Wan|ge, die (Backe)
  die Wan|gen
  Sie hat rote Wangen.
wann
  Wann kommst du?
Wan|ne, die
  die Wan|nen
  die Ba|de|wan|ne
war → sein
  ich war, du warst,
  er/sie/es war,
  wir wa|ren, sie wa|ren,
  ihr wart
wä|re
  Ich wäre froh darüber.
Wa|re, die
  die Wa|ren

warf → werfen
warm
  wär|mer, am wärms|ten
  sich wär|men
  die Wär|me
war|nen
  sie warnt
  Ich warne dich!
  die War|nung
  das Warn|schild
war|ten
  sie war|tet
  Sie wartet auf ihre Mutter.
  das War|te|zim|mer
wa|rum (*auch:* war|um)
War|ze, die
  die War|zen
was
  Was ist los?
wa|schen
  er wäscht, er wusch,
  er hat ge|wa|schen
  die Wä|sche
  die Wasch|ma|schi|ne
Was|ser, das
  die Was|ser
  der Was|ser|hahn
  der Was|ser|man|gel

A B C D E F G H I J K L M N O P Qu R S T U V **W** X Y Z

wäs|sern
er wäs|sert
Wat|te, die
we|ben
sie webt
Die Spinne webt ein
Netz.
Web|site, die
(Internetseite)
die Web|sites
wech|seln
er wech|selt
Er wechselt seine Hose.
we|cken
sie weckt
Sie weckt ihren Bruder.
der We|cker
we|deln
er we|delt
Der Hund wedelt mit
dem Schwanz.
we|der
Weder er noch seine
Mutter waren da.
weg
Sie ist weg.
Weg, der
die We|ge

we|gen
wegen des Regens
mei|net|we|gen
weg|fal|len → fallen
weg|ge|hen → gehen
Weg|lass|pro|be, die
die Weg|lass|pro|ben
weg|lau|fen → laufen
weg|neh|men → nehmen
weg|wer|fen → werfen
we|he
Wehe, du tust mir etwas!
we|hen
es weht
Es weht ein starker Wind.
die Schnee|we|he
weh|ren, sich
sie wehrt sich
weh|tun
es tut weh, es tat weh,
es hat weh|ge|tan
Er möchte niemandem
wehtun.
weich
wei|cher, am weichs|ten
Wei|de, die
die Wei|den
das Wei|den|kätz|chen

Weih|nach|ten, das
  die Weih|nach|ten
  das Weih|nachts|fest
  weih|nacht|lich
weil
  weil du nicht da bist
Wei|le, die
Wein, der
  die Wei|ne
wei|nen
  sie weint
Wei|se, die
  die Wei|sen
  die Art und Weise
wei|sen (zeigen)
  er weist, er wies,
  er hat ge|wie|sen
  Er weist ihm den Weg.
weiß → wissen
  Er weiß nichts.
weiß/Weiß →
  wei|ßer, am wei|ßes|ten
weit
  wei|ter, am wei|tes|ten
  weit und breit
  die Wei|te
wei|ter
  Gehen Sie bitte weiter!

wei|ter|fah|ren → fahren
wei|ter|ge|hen → gehen
Wei|zen, der
welch
  welch Freude
  welch ein, welch ei|ne
  wel|cher, wel|che,
  wel|ches
welk
  Die Blumen sind welk.
  wel|ken, sie welkt
Wel|le, die
  die Wel|len

→ **weiß/Weiß**

Kleinschreibung
Mein T-Shirt ist weiß.
mein weißes T-Shirt
weiß gestreift
(*auch:* weißgestreift)
weißhaarig
etwas weiß anmalen

Großschreibung
die Farbe Weiß
das Weiß der Wolken
ganz in Weiß

A
B
C
D
E
F
G
H
I
J
K
L
M
N
O
P
Qu
R
S
T
U
V
W
X
Y
Z

Welt, die
die Wel|ten
der Welt|raum
welt|be|rühmt
wem
Wem|fall, der
die Wem|fäl|le
wen
wen|den
er wen|det
Wen|fall, der
die Wen|fäl|le
we|nig
we|ni|ger, am we|nigs|ten
we|nigs|tens
wenn
wer
wer|ben
er wirbt, er warb,
er hat ge|wor|ben
Wer|bung, die
die Wer|bun|gen
wer|den
ich wer|de, du wirst,
er/sie/es wird,
wir wer|den, ihr wer|det,
sie wer|den, er wur|de,
er ist ge|wor|den

Wer|fall, der
die Wer|fäl|le
wer|fen
er wirft, er warf,
er hat ge|wor|fen
Werk, das
die Wer|ke
wert
wert sein
Das ist 100 € wert.
Wert, der
die Wer|te
wes|halb (warum)
Weshalb weinst du?
Wes|pe, die
die Wes|pen
der Wes|pen|stich
wes|sen
*Wessen Schuhe sind
das?*
Wes|sen|fall, der
die Wes|sen|fäl|le
Wes|ten, der
west|lich,
west|li|cher,
am west|lichs|ten
wes|we|gen (warum)
Weswegen lachst du?

Wet|te, die
  die Wet|ten
  wet|ten, sie wet|tet
Wet|ter, das
  die Wet|ter
  der Wet|ter|be|richt
Wicht, der
  die Wich|te
  die Wich|tel
wich|tig
  wich|ti|ger,
  am wich|tigs|ten
  Er ist ein wichtiger
  Freund für mich.
wi|ckeln
  sie wi|ckelt
  Sie wickelt das Baby.
wi|der (gegen) →

wie
  Wie geht es dir?
wie|der (noch einmal) →
wie|der|ho|len → holen
wie|der|kom|men
  → kommen
wie|der|se|hen → sehen
wie|gen
  er wiegt, er wog,
  er hat ge|wo|gen
  Er hat sich auf der
  Waage gewogen.
wie|hern
  sie wie|hert
Wie|se, die
  die Wie|sen
wie|so
  Wieso bist du so sauer?

→ **wider**
  (gegen)

  erwidern
  widerlich
  widerspiegeln
  widersprechen
  widerstehen
  der Widerstand

→ **wieder**
  (noch einmal)

  immer wieder
  nie wieder
  schon wieder
  wiederkommen
  das Wiedersehen
  Auf Wiedersehen

A B C D E F G H I J K L M N O P Qu Q R S T U V **W** X Y Z

wie viel
  Wie viel Uhr ist es?
wie vie|le
  Wie viele Personen
  kommen heute?
wild
  wil|der, am wil|des|ten
  das wilde Tier
  das Wild
  die Wild|nis
will → wollen
Wil|le, der
will|kom|men
  Du bist herzlich
  willkommen.
  aber: *ein herzliches*
  Willkommen
Wim|pel, der
  die Wim|pel
Wim|per, die
  die Wim|pern
Wind, der
  die Win|de
  die Wind|kraft|an|la|ge
  die Wind|müh|le
win|dig
  win|di|ger,
  am win|digs|ten

Win|kel, der
  die Win|kel
  der Win|kel|mes|ser
  wink|lig
win|ken
  er winkt, er wink|te,
  er hat ge|winkt
  (*auch:* ge|wun|ken)
Win|ter, der
  die Win|ter
  win|ter|lich
win|zig
  win|zi|ger,
  am win|zigs|ten
  der Winz|ling
wip|pen
  sie wippt
  die Wip|pe
wir
  wir alle
Wir|bel, der
  die Wir|bel
  die Wir|bel|säu|le
  der Wir|bel|wind
wird → werden
wirft → werfen
wir|ken
  es wirkt

wirk|lich
die Wirk|lich|keit
wirst → werden
wi|schen
er wischt
wis|sen
sie weiß, sie wuss|te,
sie hat ge|wusst
das Wis|sen
Witz, der
die Wit|ze
wit|zig, wit|zi|ger,
am wit|zigs|ten
wit|zeln
er wit|zelt
Er witzelt über ihre
neue Frisur.
wo
Wo sind deine Eltern?
wo|bei
Wo|che, die
die Wo|chen
das Wo|chen|en|de
wö|chent|lich
wo|für
Wofür brauchst du
diesen Stift?
wog → wiegen

wo|her
Woher kommst du?
wo|hin
Wohin willst du gehen?
wohl
woh|ler, am wohls|ten
sich wohl|füh|len
woh|nen
sie wohnt
Woh|nung, die
die Woh|nun|gen
Wolf, der
die Wöl|fe
Wol|ke, die
die Wol|ken
wol|kig, wol|ki|ger,
am wol|kigs|ten
Wol|le, die
wol|lig
wol|len
sie will, sie woll|te,
sie hat ge|wollt
wo|mit
Womit kann ich dir
eine Freude bereiten?
World Wide Web, das
(*kurz:* WWW; weltweites
Netzwerk im Internet)

Wort, das
die Wör|ter
die Wort|art
der Wort|bau|stein
die Wort|fa|mi|lie
das Wort|feld
Wör|ter|buch, das
die Wör|ter|bü|cher
wört|lich
die wörtliche Rede
wort|ge|wandt
wort|ge|wand|ter,
am wort|ge|wand|tes|ten
Wort|stamm, der
die Wort|stäm|me
wund
wun|der,
am wun|des|ten
(auch: am wunds|ten)
wund sein
die Wun|de
Wun|der, das
die Wun|der
wun|der|bar
wun|dern, sich
sie wundert sich
Sie wundert sich über
seine Frechheit.

Wunsch, der
die Wün|sche
wün|schen, er wünscht
Wurf, der
die Wür|fe
Wür|fel, der
die Wür|fel
der Wür|fel|be|cher
das Wür|fel|spiel
wür|feln, sie wür|felt
Wurm, der
die Wür|mer
Wurst, die
die Würs|te
das Würst|chen
Wür|ze, die
das Ge|würz
wür|zen, er würzt
wür|zig
Wur|zel, die
die Wur|zeln
wusch → waschen
wuss|te → wissen
Wüs|te, die
die Wüs|ten
Wut, die
wü|tend, wü|ten|der,
am wü|tends|ten

X/x

Xy|lo|fon, das
  die Xy|lo|fo|ne
  = Xylophon
Xy|lo|phon, das
  die Xy|lo|pho|ne
  = Xylofon

Y/y

Yacht, die
  die Yach|ten
  = Jacht
Yak, der
  die Yaks
  = Jak
Yo-Yo, das
  die Yo-Yos
  = Jo-Jo
Yp|si|lon, das
  die Yp|si|lons

Z/z

Za|cke, die
  die Za|cken
  za|ckig
Za|cken, der
  die Za|cken
zäh
  zä|her, am zä|hes|ten
Zahl, die
  die Zah|len
  zah|len, sie zahlt
zäh|len
  er zählt
zahm
  zah|mer,
  am zahms|ten
  die Zäh|mung
  zäh|men, sie zähmt
Zahn, der
  die Zäh|ne
  der Zahn|arzt,
  die Zahn|ärz|tin
  die Zahn|bürs|te
  Du musst dir die Zähne putzen.
  aber: *beim Zähneputzen*

A B C D E F G H I J K L M N O P Qu Q R S T U V W **X** **Y** **Z**

259

**A
B
C
D
E
F
G
H
I
J
K
L
M
N
O
P
Qu
R
S
T
U
V
W
X
Y
Z**

Zan|ge, die
die Zan|gen
zan|ken, sich (streiten)
sie zankt sich
Sie zankt sich mit ihm.
Zap|fen, der
die Zap|fen
zap|peln
er zap|pelt
zap|pen
sie zappt
*Sie zappt durch das
Fernsehprogramm.*
zart
zar|ter, am zar|tes|ten
zärt|lich, zärt|li|cher,
am zärt|lichs|ten
die Zärt|lich|keit
Zau|ber, der
der Zau|be|rer,
die Zau|be|rin
zau|bern, er zau|bert
der Zau|ber|trick
Zaum, der
das Zaum|zeug
zäu|men, sie zäumt
Zaun, der
die Zäu|ne

Ze|bra, das
(*auch:* Zeb|ra)
die Ze|bras
der Ze|bra|strei|fen
Zeh, der
die Ze|hen
Ze|he, die
die Ze|hen
zehn/Zehn →
Zei|chen, das
die Zei|chen

→ **zehn/Zehn**

Kleinschreibung
zehn Jahre alt sein
zehn mal zwei
Es ist halb zehn.
zehntens

Großschreibung
die Zahl Zehn
Er wurde Zehnter.

**Mit Zahl oder
ausgeschrieben**
zehnjährig – 10-jährig
zehnmal – 10-mal
am zehnten *oder* 10. Mai

zeich|nen
  sie zeich|net
  die Zeich|nung
zei|gen
  er zeigt
  der Zei|ge|fin|ger
  der Zei|ger
Zei|le, die
  die Zei|len
Zeit, die
  die Zei|ten
  die Zeit|schrift
  die Zei|tung
Zeit|an|ga|be die
  die Zeit|an|ga|ben
zei|tig (früh)
  zei|ti|ger, am zei|tigs|ten
  Er muss zeitig
  aufstehen.
Zelt, das
  die Zel|te
  zel|ten, er zel|tet
Zen|sur, die
  die Zen|su|ren
  zen|sie|ren, sie zen|siert
Zen|ti|me|ter, der
  (*kurz:* cm)
  die Zen|ti|me|ter

Zent|ner, der
  die Zent|ner
Zen|trum, das
  (*auch:* Zent|rum)
  die Zen|tren
Zep|pe|lin, der
  (Luftschiff)
  die Zep|pe|li|ne
zer|bre|chen → brechen
  zer|brech|lich
zer|fal|len → fallen
zer|plat|zen
  er zer|platzt
  Der Luftballon zerplatzt.
zer|rei|ßen → reißen
zer|ren
  er zerrt
  die Zer|rung
zer|ris|sen → reißen
Zet|tel, der
  die Zet|tel
Zeug, das
Zeug|nis, das
  die Zeug|nis|se
Zick|zack, der
  im Zickzack laufen
Zie|ge, die
  die Zie|gen

A B C D E F G H I J K L M N O P Qu Q R S T U V W X Y Z

Zie|gel, der
  die Zie|gel
zie|hen
  sie zieht, sie zog,
  sie hat ge|zo|gen
Ziel, das
  die Zie|le
  zie|len, sie zielt
ziem|lich (recht)
  Das ist ziemlich weit.
zier|lich
  zier|li|cher,
  am zier|lichs|ten
Zif|fer, die
  die Zif|fern
Zim|mer, das
  die Zim|mer
  zim|mern, er zim|mert
zim|per|lich
  zim|per|li|cher,
  am zim|per|lichs|ten
  Sei nicht so zimperlich!
Zimt, der
Zip|fel, der
  die Zip|fel
  die Zip|fel|müt|ze
Zir|kel, der
  die Zir|kel

Zir|kus, der
  die Zir|kus|se
  = Circus
zi|schen
  es zischt
Zi|tro|ne, die
  (*auch:* Zit|ro|ne)
  die Zi|tro|nen
zit|tern
  er zit|tert
  zitt|rig
zog → ziehen
Zoo, der
  die Zoos
  zoo|lo|gisch
Zopf, der
  die Zöp|fe
Zorn, der
  zor|nig, zor|ni|ger,
  am zor|nigs|ten
zot|te|lig
  Er hat zotteliges Haar.
zu
  die Tür ist zu
  zu groß
  zu viele
zu|bin|den → binden
Zuc|chi|ni, die

zu|cken
sie zuckt
Sie zuckt mit den
Schultern.
Zu|cker, der
zu|cker|süß
zu|ein|an|der
(*auch:* zu|ei|nan|der)
zu En|de
zu|erst
Zu|fall, der
die Zu|fäl|le
zu|fäl|lig
zu|frie|den
zu|frie|de|ner,
am zu|frie|dens|ten
zu Fuß
Er möchte zu Fuß gehen.
Zug, der
die Zü|ge
Zü|gel, der
die Zü|gel
zü|geln, sie zü|gelt
zu|gleich
zu|gu|cken
er guckt zu
zu Hau|se
(*auch:* zu|hau|se)

zu|hö|ren
sie hört zu
Zu|kunft, die
die Zu|kunfts|form
zu|künf|tig
zu|letzt (am Schluss)
Er kam zuletzt.
zu|lie|be
Bitte, tu es mir zuliebe.
zum (zu dem)
Sie geht zum Sportfest.
zu|meist (meistens)
zu|mu|te
zu|nächst
Zu|na|me, der
(Familienname)
die Zu|na|men
Zun|ge, die
die Zun|gen
zu|pa|cken
sie packt zu
zur (zu der)
Er geht zur Party.
zu|recht
zu|recht|kom|men,
er kommt zu|recht
zu|rück
zu|rück|blei|ben → bleiben

A
B
C
D
E
F
G
H
I
J
K
L
M
N
O
P
Qu
R
S
T
U
V
W
X
Y
Z

A
B
C
D
E
F
G
H
I
J
K
L
M
N
O
P
Qu
R
S
T
U
V
W
X
Y
Z

zu|rück|ge|ben → geben
zu|rück|ge|hen → gehen
zu|sam|men
  zu|sam|men sein
Zu|sam|men|arbeit, die
zu|sam|men|hal|ten
  → halten
  Wir müssen
  zusammenhalten.
zu|sam|men|sto|ßen
  → stoßen
  Die beiden Autos sind
  zusammengestoßen.
zu|sätz|lich
Zu|tat, die
  die Zu|ta|ten
zu viel
  Zwei Kilo sind zu viel.
zu we|nig
  Ein Gramm ist zu wenig.
Zwang, der
  die Zwän|ge
zwan|zig/Zwan|zig
  zwanzig Kinder
  die Zahl Zwanzig
zwar
  Der Kuchen schmeckt
  zwar gut, aber ...

Zweck, der
  die Zwe|cke
  zweck|los
zwei/Zwei →
  zwei|hun|dert,
  zwei|tau|send
Zwei|fel, der
  die Zwei|fel
  zwei|feln, er zwei|felt

→ **zwei/Zwei**

Kleinschreibung
zwei Jahre alt sein
zwei mal zwei
Es ist halb zwei.
zweitens

Großschreibung
die Zahl Zwei
eine Zwei schreiben
eine Zwei im Zeugnis
Er wurde Zweiter.

Mit Zahl oder
ausgeschrieben
zweijährig – 2-jährig
zweimal – 2-mal
am zweiten *oder* 2. Mai

Zweig, der
die Zwei|ge
ver|zweigt
Zwerg, der
die Zwer|ge
Zwetsch|ge, die
die Zwetsch|gen
zwi|cken
es zwickt
Zwie|back, der
die Zwie|ba|cke
Zwie|bel, die
die Zwie|beln
Zwie|laut, der
die Zwie|lau|te
Zwil|ling, der
die Zwil|lin|ge
zwin|gen
sie zwingt, sie zwang,
sie hat ge|zwun|gen
Sie hat mich dazu
gezwungen.
zwin|kern
er zwin|kert
Er zwinkert ihr zu.
zwi|schen
Sie sitzt zwischen Jan
und Paul.

zwi|schen|durch
Er isst zwischendurch
etwas Obst.
zwit|schern
er zwit|schert
Der Vogel zwitschert
ein Lied.
zwölf/Zwölf →
Zy|lin|der, der
die Zy|lin|der

→ **zwölf/Zwölf**

Kleinschreibung
zwölf Jahre alt sein
zwölf mal zwei
Es ist halb zwölf.
zwölftens

Großschreibung
die Zahl Zwölf
Er wurde Zwölfter.

Mit Zahl oder
ausgeschrieben
zwölfjährig − 12-jährig
zwölfmal − 12-mal
am zwölften *oder*
12. Mai

Sprache untersuchen

Auf den nächsten Seiten findest du eine Übersicht über die wichtigsten Begriffe der **Bereiche Sprache untersuchen** und **Richtig schreiben**.
Hier wird dir noch einmal kurz erklärt,
was du im Sprach- und Rechtschreibunterricht schon gelernt hast.
Du kannst diese Kapitel also zur Wiederholung verwenden — oder um dein Wissen aufzufrischen.

Die Wortarten

Nomen und Artikel

Nomen sind die wichtigsten Wörter in unserer Sprache. Sie werden deswegen **großgeschrieben**.

Nomen sind Wörter für
- **Lebewesen** (*Kind, Blume, Tier, …*),
- **Dinge** (*Haus, Löffel, Computer, …*),
- **Gefühle** und **Gedanken** (*Freude, Freundschaft, Fantasie, …*).

Nomen können in **Einzahl** oder **Mehrzahl** stehen.
Die Mehrzahlformen können verschieden aussehen:

-e: *der Freund – die Freunde,*
          der Fisch – die Fische
-en/-n: *die Freundin – die Freundinnen,*
          die Gabel – die Gabeln
-er: *das Kind – die Kinder, das Rind – die Rinder*
-s: *das Zebra – die Zebras, das Kino – die Kinos*
Umlaut: *die Kuh – die Kühe, der Baum – die Bäume*

Manche Nomen haben nur die Einzahl
(*der Mut, der Schnee,…*),
manche haben nur die Mehrzahl
(*die Ferien, die Eltern, …*).

Nomen kann man **zusammensetzen**.
Aus zwei Wörtern kann ein einziges Wort entstehen.
Aus *Blume* und *Topf* wird *Blumentopf* (*ein Topf, in dem Blumen stehe*n) oder *Topfblume* (*eine Blume, die man in einen Topf pflanzt*).

Der **erste** Teil heißt **Bestimmungswort**: *Lesebuch*.
Er bestimmt das Grundwort näher und sagt,
um welche Art von Buch es sich handelt.
Der **zweite** Teil eines zusammengesetzten Nomens
heißt **Grundwort**: *Lesebuch*.
Er ist der Hauptteil des Wortes, der sagt,
dass es sich um ein *Buch* handelt.

Das Nomen kann in vier Fällen stehen

Werfall	<u>Wer oder was</u> ist sehr alt?
1. Fall	*Der Esel ist sehr alt.*
Wessenfall	<u>Wessen</u> Stall ist warm?
2. Fall	*Der Stall des Esels ist warm.*
Wemfall	<u>Wem</u> gibt der Bauer Futter?
3. Fall	*Er gibt dem Esel Futter.*
Wenfall	<u>Wen oder was</u> streichelt das Kind?
4. Fall	*Das Kind streichelt den Esel.*

Artikel

Artikel können vor Nomen stehen.
Die Artikel können bestimmt oder unbestimmt sein:
bestimmte Artikel: *der, die, das,*
unbestimmte Artikel: *ein, eine.*

Sie sagen, welches **Geschlecht** ein Nomen hat:
männlich: *der Hund, der Löffel, der Mann, ...*
weiblich: *die Katze, die Gabel, die Frau, ...*
sächlich: *das Zebra, das Messer, das Kind, ...*

Adjektive

Adjektive sind Wörter, die sagen, wie etwas sein kann,
wie es ist oder aussieht:
ein <u>kluges</u> Kind, ein <u>kleiner</u> Hund, eine <u>graue</u> Maus.

Alle Wörter, die zwischen Artikel und Nomen
stehen können, sind Adjektive.

Artikel	Adjektiv	Nomen
ein	*grünes*	*Kleid*
die	*frechen*	*Raben*
der	*hohe*	*Berg*

Viele Adjektive lassen sich **steigern**:

Grundstufe	1. Vergleichsstufe	2. Vergleichsstufe
hoch	*höher*	*am höchsten*

Mit Adjektiven lassen sich Dinge **vergleichen**.
Dabei verwendet man die Vergleichswörter **als** und **wie**.
Steht das Adjektiv in der **Grundstufe**,
folgt das Wort **wie**:
*Der Kirschbaum ist <u>genauso</u> hoch **wie** der Apfelbaum.*
Steht das Adjektiv in der **1. Vergleichsstufe**,
folgt das Wort **als**:
*Der Apfelbaum ist <u>höher</u> **als** das Haus.*

Manche Adjektive lassen sich **nicht steigern**.
Solche Adjektive sagen etwas aus,
das nicht steigerbar ist:
rechteckig, tot, ...
Nichts kann noch rechteckiger oder noch toter sein.

Von Adjektiven kann man häufig das **Gegenteil** bilden:
groß – klein, dick – dünn, klug – dumm, dunkel – hell, ...

Viele Adjektive **stammen von Nomen** ab.
Sie haben dann zum Beispiel die Endungen **-lich**, **-ig**:
Glück – glücklich, Ruhe – ruhig.

Verben und Zeitformen

Verben sind Wörter, die sagen,
was jemand **tut** oder was **geschieht**:
Das Kind springt. Die Blume blüht.

Im Wörterbuch stehen die Verben in der **Grundform**:
springen, blühen, ...
Nach der Grundform steht im Wörterbuch
eine Form mit *er, sie* oder *es*:
er liest, er las, er hat gelesen.
Diese Form nennt man die **Personalform** des Verbs.

Zeitformen der Verben

Mit Verben kann man etwas über die Zeit aussagen, in der etwas geschieht:

Gegenwart:
Felix <u>liest</u> gerade ein Buch.
Die Gegenwartsform verwenden wir meistens dann, wenn wir über etwas sprechen oder schreiben, was **jetzt** gerade passiert.

1. Vergangenheit:
Felix <u>las</u> gestern ein anderes Buch.
Die 1. Vergangenheitsform verwenden wir meistens dann, wenn wir über etwas **schreiben**, was **früher** geschah.

2. Vergangenheit:
Das Buch <u>hat</u> ihm <u>gefallen</u>.
Die 2. Vergangenheitsform verwenden wir meistens dann, wenn wir über etwas **sprechen**, was **früher** geschehen ist.

Zukunft:
Felix <u>wird</u> das Buch morgen <u>lesen</u>.
Die Zukunftsform verwenden wir manchmal dann, wenn wir über etwas **schreiben**, was erst **später** geschieht.

Pronomen

Pronomen sind kleine Wörter,
die man für Nomen einsetzen kann.
So müssen die Nomen nicht ständig wiederholt werden.
Für Julia kann *sie* stehen,
für Julias Freund – *ihr* Freund.

Die Pronomen sind
ich, du, er, sie, es, wir, ihr, sie.
Manche Pronomen zeigen auch den Besitz an:
mein, dein, sein, ihr, sein, unser, euer, ihr.

Bindewörter

Bindewörter können Wörter, Satzteile und Sätze
miteinander verbinden, zum Beispiel:
als, dass, denn, ob, oder, und, weil, wenn.

Ich freue mich, <u>dass</u> du angerufen hast.
Erst hat es geregnet <u>und</u> dann kam das Gewitter.
Ich habe überlegt, <u>ob</u> ich zuerst die Katze füttere
<u>oder</u> den Hund ausführe.
Ich konnte nicht kommen, <u>weil</u> ich verreist war.

Satzarten

Mit den Satzarten drücken wir aus,
wie wir einen Satz meinen:
als einfache Aussage, als Frage, als Aufforderung/Bitte
oder als Ausruf.

- **Aussagesätze**
Wenn man in einem Satz etwas ganz einfach feststellt,
beendet man den Satz mit einem **Punkt**:
Ich suche meinen Bleistift.

- **Fragesätze**
Wenn man mit einem Satz eine Frage stellt,
setzt man am Ende ein **Fragezeichen**.
Hast du meinen Bleistift gesehen?

- **Aufforderungs- und Ausrufesätze**
Wenn man mit einem Satz jemanden um etwas bittet
oder etwas ausruft,
setzt man am Ende ein **Ausrufezeichen**:
Gib mir doch bitte mal deinen Bleistift!
Oh, die Spitze ist abgebrochen!

Zeichensetzung

Satzzeichen setzt man, damit man Texte beim Lesen besser verstehen kann.

Einen **Punkt** setzt man, wenn ein Satz zu Ende ist und ein neuer Gedanke beginnt:
Mein Name ist Carlotta. Ich finde den Namen schön.

Ein **Fragezeichen** setzt man, wenn ein Satz als Frage gemeint ist:
Findet ihr ihn auch schön?

Ein **Ausrufezeichen** setzt man, wenn man einen Satz als Ausruf, Aufforderung oder Bitte meint:
Sag mir bitte deinen Namen!
Oh, der ist aber auch schön!

Kommas setzt man, wenn man einzelne Wörter aufzählt:
Früher hießen die Mädchen Dora, Berta, Minna, Helga.
Vor den Wörtern *und* und *oder* steht aber kein Komma:
Heute heißen sie Lotte, Marie, Janine <u>oder</u> Sophie.

Auch Sätze mit den Wörtern *aber, dass, weil, als, wenn, …* werden mit Komma abgetrennt:
Mein Vater sagt Lotti zu mir, <u>aber</u> ich mag das nicht.
Ich will, <u>dass</u> er mich bei meinem richtigen Namen nennt.

Zeichen bei wörtlicher Rede

In Texten schreibt ein Schreiber, was er sagen möchte.
Manchmal lässt er darin aber auch andere etwas sagen.
Das nennt man die **wörtliche Rede**.
Damit man beides unterscheiden kann,
setzt man die wörtliche Rede in Anführungszeichen:
Der Schreiber schreibt:
Gestern traf ich meine Freundin. Ich sagte:
„Ich freue mich, dass ich dich treffe."

Die **wörtliche Rede** lautet:
„Ich freue mich, dass ich dich treffe."
Der **Redebegleitsatz** davor heißt:
Ich sagte: ...

Zwischen dem vorangestellten Redebegleitsatz und
der wörtlichen Rede steht ein **Doppelpunkt**.

Der Redebegleitsatz kann auch **nach** der wörtlichen Rede
folgen. Dann wird er durch ein **Komma** abgetrennt:
„Ich freue mich, dass ich dich treffe", sagte ich.
Beim nachgestellten Redebegleitsatz fällt der Punkt in der
wörtlichen Rede weg.

Die wörtliche Rede kann außerdem
in den Redebegleitsatz eingeschoben werden:
„Ich freue mich", sagte ich,
„dass ich dich treffe."
Der eingeschobene Redebegleitsatz wird durch
zwei Kommas von der wörtlichen Rede abgetrennt.

Ist die wörtliche Rede eine Frage oder ein Ausruf,
dann gehört auch das Fragezeichen oder
das Ausrufezeichen zur wörtlichen Rede:
„Da bist du ja!", rief ich.
„Freust du dich auch?", fragte ich.

Satzglieder

Teile des Satzes, die man **umstellen** kann,
heißen Satzglieder.
Satzglieder können aus einem Wort
oder aus mehreren Wörtern bestehen.
Maria / schrieb / gestern / ihrem Opa / einen lustigen Brief.
Gestern / schrieb / Maria / ihrem Opa / einen lustigen Brief.
Ihrem Opa / schrieb / Maria / gestern / einen lustigen Brief.
Einen lustigen Brief / schrieb / gestern / Maria / ihrem Opa.
Schrieb / Maria / gestern / ihrem Opa / einen lustigen Brief?
Dieser Satz besteht also aus fünf Satzgliedern.

Jedes Satzglied hat einen eigenen Namen:

Das **Subjekt** sagt aus, wer etwas tut.
Man kann es mit der Frage **Wer** oder **was?** ermitteln:
(Wer?) *Maria* schrieb.
Das Subjekt kann auch ein Pronomen sein:
Sie schrieb.

Das **Prädikat** (Satzkern) sagt aus,
was getan wird oder geschieht.
Es besteht immer aus mindestens einem Verb:
Maria **(Was tat sie?)** *schrieb.*
Maria *hat geschrieben.*

Satzglieder können auch **Orts-** und **Zeitangaben** sein:

Die **Ortsangabe** sagt etwas aus über die Fragen:
Wo? Woher? Wohin?
*Mein Freund hat **(Wo?)** zu Hause einen Hund.*
*Der Hund ist **(Woher?)** aus dem Tierheim.*
*Mein Freund geht **(Wohin?)** auf die Wiese mit ihm.*

Die **Zeitangabe** sagt etwas aus über die Fragen:
Wann? Wie lange? Wie oft?
*Den Hund hat er mir **(Wann?)** gestern gezeigt.*
*Wir sind **(Wie lange?)** zwei Stunden Gassi gegangen.*
*Mein Freund geht **(Wie oft?)** jeden Tag mit ihm Gassi.*

Die **Satzergänzungen** bestehen meistens aus
einem Nomen oder einem Pronomen.
Sie stehen im 3. oder 4. Fall:
*Maria schrieb **(Wem?)** ihrem Opa.*
*Maria schrieb **(Wen oder was?)** einen lustigen Brief.*

Wortfamilien

Viele Wörter sind miteinander verwandt
und bilden eine Familie.
Diese Wörter haben alle einen gemeinsamen **Stamm**,
zum Beispiel: *SPIEL*.
Alle Wörter mit diesem Stamm gehören zur Wortfamilie:
***spiel**en, **spiel**te, ge**spiel**t, **spiel**erisch, das **Spiel**,*
*der **Spiel**ball, ...*

Manchmal verändert sich der Stamm in einer Wortfamilie:
***ess**en, **iss**t, **aß**, ge**gess**en, **ess**bar, **Ess**tisch, ...*
***schließ**en, **schließ**t, ge**schloss**en, der **Schluss**,*
*das **Schloss**, ...*
***fahr**en, ge**fahr**en, **fähr**t, **fuhr**, die **Fahr**t, der **Fahr**er, ...*

Wortfelder

Die Wörter eines Wortfeldes **bedeuten** etwas **Ähnliches**.
Wer viele Wörter eines Wortfeldes kennt, kann in
seinen Texten **genauer** und **anschaulicher** schreiben.
Er muss zum Beispiel nicht ständig das Wort *sagen,
sagte, …* verwenden, sondern kann schreiben,
wie einer etwas sagt:

sagen:
sprechen, reden,
erzählen, flüstern,
schreien, rufen,
brüllen, antworten, …

gehen:
laufen, rennen,
sausen, spazieren,
hüpfen, springen,
trippeln, stolpern, …

Richtig schreiben

In unserer Sprache gibt es **Vokale** und **Konsonanten**.
Geschriebene Vokale und Konsonanten
nennt man **Buchstaben**.

Vokale sind:
a, e, i, o, u.
Umlaute sind:
ä, ö, ü.
Zwielaute (Diphthonge) sind:
au, äu, eu, ei, ai.
Konsonanten sind:
b, c, d, f, g, h, j, k, l, m, n, p, qu, r, s, (ß),
t, v, w, x, y, z.

Silben

Es gibt Wörter mit **einer** Silbe: *März, Kind, ...,*
mit **zwei** Silben: *Ju-ni, Mäd-chen, ...,*
mit **drei** Silben: *Sep-tem-ber, Ku-si-ne, ...* und
mit mehr Silben: *Di-no-sau-ri-er, ...*

Die meisten Wörter sind einsilbig wie *Maus*
oder zweisilbig wie *Kat-ze.*

Jede Silbe enthält einen **Vokal**.
Dazu können ein oder mehrere **Konsonanten** kommen,
die vor oder nach dem Vokal stehen:
er, wer, schwer, Schwert, …

Beim langsamen Sprechen kann man die Silben **hören**.
Nach einer Silbe kann man Wörter am Ende einer Zeile
trennen.

Offene Silben nennt man Silben, bei denen der Mund
für einen Augenblick lang offen bleibt.
Sie enden mit einem **langen Vokal**:
schla-fen, Scha-fe, Hü-te, …

Geschlossene Silben nennt man Silben,
bei denen der Mund geschlossen wird.
Sie enden mit einem **Konsonanten**.
Geschlossene Silben haben einen **kurzen Vokal**:
schaf-fen, Af-fe, Hüt-te, …

Langer Vokal – kurzer Vokal

Es gibt Wörter, die haben einen **langen** Vokal:
der Wal, das Tal, das Mus, er, ...
Diese Wörter enden meistens
mit einem **einzigen** Konsonanten.
Beim deutlichen Sprechen kann man
diesen langen Vokal gut hören.

Andere Wörter haben einen **kurzen** Vokal:
der Wald, der Stall, ich muss, der Herbst, ...
Diese Wörter enden meistens
mit **mehreren** Konsonanten.

Wörter mit einem silbentrennenden h

Bei manchen Wörtern endet die erste Silbe mit einem
langen Vokal (= offene Silbe).
Beginnt nach einer offenen Silbe
die zweite Silbe auch mit einem Vokal,
setzt man oft ein **h** ein,
das die beiden Silben voneinander abtrennt:
se-hen, Ze-hen, Schu-he, Ru-he, ...

Dieses silbentrennende **h**
bleibt auch in den Wortfamilien erhalten:
seht, der Zeh, der Schuh, ruhig, ...

Wörter mit Dehnungs-h

In manchen Wörtern wird der lange Vokal dadurch
besonders auffällig gemacht, dass man ein **h** einfügt:
Zahl, zahm, Zahn, wahr, ...

Ein solches Dehnungs-**h** kommt aber nur vor den
Buchstaben **l**, **m**, **n**, **r** vor.
Doch das ist nicht immer so.

Fängt ein Wort mit **sch**, **t**, **sp**, **kr**, **qu** an,
setzt man **kein** Dehnungs-**h**:
***sch**ön, **T**on, **sp**ülen, **Kr**an, **qu**älen, ...*

Wörter mit ie

Die meisten Wörter mit einem langen **i**
werden mit **ie** geschrieben.
Das **ie** steht dabei oft am Ende der ersten Silbe:
Tier, Schiene, hier, vier, Biene, ...

Wörter, bei denen das lange **i** nur mit **i** geschrieben wird,
musst du dir gut merken:
wir, mir, dir, Musik, das Augenlid, minus, ...

Wörter mit doppelten Vokalen

Einige wenige Wörter werden mit **aa**, **ee**, **oo**
geschrieben. Die musst du dir merken:
Haare, Saal, Schnee, See, Fee, Meer, Moos, Moor, ...

Wörter mit Umlauten

Die meisten Wörter mit den Umlauten **ä, äu, ö, ü**
stammen von Wörtern mit **a, au, o, u** ab.
Du musst dann nur eine kürzere Form dieser Wörter bilden:
*Kälte – kalt, Träume – Traum, Münder – Mund,
öffnen – offen.*

Wörter mit tz und ck

Auch **ck** und **tz** sind doppelte Konsonanten.
Man schreibt sie aber nicht als **kk** oder **zz**,
sondern mit zwei verschiedenen Buchstaben.

Die Buchstaben **ck** und **tz** stehen immer nur
nach kurzen Vokalen.
Getrennt werden sie so:
*Ste-cken, ba-cken, So-cken, ...
krat-zen, flit-zen, Spit-ze, ...*

Wörter mit doppelten Konsonanten

Bei einem Wort wie *Af-fe* steht das **f** genau zwischen den beiden Silben. Man spricht dieses **f** zwar nicht zweimal, beim Schreiben wird es aber verdoppelt.
Vor dem doppelten Konsonanten steht immer ein kurzer Vokal. Bei vielen Wörtern wird der Konsonant verdoppelt:
Klap-pe, Wol-le, sum-men, ken-nen, Pup-pe, Kar-re, Ket-te, ...

Dieser doppelte Konsonant bleibt auch in den Wortfamilien erhalten:
Klappe – klappt, Wolle – Wollschal, Kette – Kettchen, ...

Wörter mit ss und β

Wenn du die Wörter *Straße* und *Gasse* deutlich aussprichst, kannst du es hören:
In *Straß*e ist das **a lang** und deutlich zu hören,
in *Gasse* ist das **a kurz** und nicht so deutlich zu hören.

Nach einem **langen** Vokal schreibt man **β**:
Straße, Füße, schießen, fließen, Soße, ...

Nach einem **kurzen** Vokal schreibt man **ss**:
Gasse, Flüsse, Schüsse, Nüsse, Flosse, ...

Wörter mit b, d, g im Auslaut

Bei vielen Wörtern hört man beim Sprechen am Ende
ein **p**, **t** oder **k**.
Erst wenn du solche Wörter verlängerst,
kannst du hören, dass sie ein **b**, **d** oder **g** haben:
lieb – lieben, Kind – Kinder, kriegt – kriegen.

Wenn du also unsicher bist,
musst du die Verlängerungsprobe machen.

Wörter mit V/v

Viele Wörter, die mit **V/v** beginnen,
muss man sich merken:
voll, Vogel, Vase.

Es gibt aber auch viele zusammengesetzte Verben,
deren Vorsilbe **Ver-/ver-** oder **Vor-/vor-** lautet:
*verstehen (ver + stehen), verpassen (ver + passen),
verbeugen (ver + beugen), ...
vorfahren (vor + fahren), vornehmen (vor + nehmen),
vorstellen (vor + stellen), ...*
Gib also bei Verben besonders Acht.

Von den Verben kann man häufig auch
passende Nomen bilden.
Auch sie werden dann mit **V/v** geschrieben:
Verbeugung, *Verständnis*,
Vorfahrt, *Vorstellung*.

Groß- und Kleinschreibung

Damit man Texte besser lesen kann,
wird das erste Wort in einem Satz **großgeschrieben**:
Heute ist endlich Sonntag.
Da muss ich nicht in die Schule gehen.

Die wichtigsten Wörter sind die **Nomen**.
Damit man sie schnell erkennt, schreibt man sie groß:
Ich fuhr mit einer Fähre über den großen, breiten Fluss.

Oft weißt du aber nicht,
ob ein Wort ein Nomen ist oder nicht:
IN DEM BACH SCHWIMMEN DIE FISCHE.

Hier kannst du die Nomen an den Artikeln erkennen:
In dem Bach schwimmen die Fische.

Du musst also auf solche „Signale" achten,
wenn du erkennen willst,
ob ein Wort großgeschrieben wird.
Die wichtigsten Signale sind:
Artikel: *An <u>den</u> Autos flattern <u>die</u> Wimpel.*
Adjektive: *Füchse haben <u>lange</u> Schwänze.*

Du kannst aber auch, wenn du unsicher bist,
in diesem Wörterbuch nachschlagen.
Dort erfährst du in den Merkkästen,
ob ein Wort groß- oder kleingeschrieben wird:
Kleinschreibung:
mein Pulli ist rot, mein roter Pulli
Großschreibung:
die Farbe Rot, die Ampel steht auf Rot